1000
विश्व प्रश्नोत्तरी

1000
विश्व प्रश्नोत्तरी

अनीश भसीन

प्रभात
प्रकाशन

प्रकाशक

प्रभात प्रकाशन प्रा. लि.

4/19 आसफ अली रोड, नई दिल्ली–110002

फोन : 011–23289777 • हेल्पलाइन नं. : 7827007777

इ–मेल : prabhatbooks@gmail.com ❖ वेब ठिकाना : www.prabhatbooks.com

संस्करण

2026

पेपरबैक मूल्य

चार सौ रुपए

मुद्रक

नरुला प्रिंटर्स, दिल्ली

★

1000 VISHWA PRASHNOTTARI

by Shri Anish Bhasin

Published by **PRABHAT PRAKASHAN PVT. LTD.**

4/19 Asaf Ali Road, New Delhi-110002

ISBN 978-93-7573-811-4

₹ 400.00 (PB)

पूजनीय

पिताजी **श्री हरीश चंद्र भसीन**

एवं

ममतामयी माँ **श्रीमती स्वर्ण भसीन**

के

श्रीचरणों में

सादर समर्पित

भूमिका

प्रस्तुत पुस्तक '1000 विश्व प्रश्नोत्तरी' आपके समक्ष प्रस्तुत करते हुए मुझे हार्दिक प्रसन्नता का अनुभव हो रहा है। प्रस्तुत पुस्तक में विश्व : एक परिचय, इतिहास, राष्ट्रपति व प्रधानमंत्री, महिलाएँ, महाद्वीप, अंटार्कटिका, अंतरिक्ष, आविष्कार, अंतरराष्ट्रीय संगठन, राजनीति, हत्याएँ, आतंकवाद, जनसंख्या, भाषा, धर्म, मीडिया, मानवाधिकार, पुरस्कार, खेलकूद इत्यादि से संबंधित एक हजार प्रश्न दिए गए हैं और प्रत्येक प्रश्न के साथ चार विकल्प दिए गए हैं, जिनमें से एक सही है। यह एक हजार जानकारियाँ सीधे-सादे ढंग से भी दी जा सकती थीं, लेकिन उस स्थिति में पाठकों के अंदर उत्सुकता नहीं जागती और स्वयं उत्तर खोजने का आनंद भी उन्हें नहीं मिलता। यह विधि अधिक रुचिकर है।

कोई भी अधिक महत्त्वपूर्ण प्रश्नोत्तर छूटे नहीं, इसका यथासंभव ध्यान रखा गया है। प्रस्तुत पुस्तक को लिखने में इंटरनेट की बहुत मदद ली गई है, इस पुस्तक की विषयवस्तु को उपयोगी बनाने के लिए विश्व से संबंधित कई पुस्तकों से संदर्भ भी लिया गया है, इस महत्त्वपूर्ण सहयोग के लिए मैं इन पुस्तकों के लेखकों एवं प्रकाशकों का आभारी हूँ।

आशा है, यह पुस्तक प्रतियोगी परीक्षाओं के परीक्षार्थियों, विद्यार्थियों, शोधार्थियों एवं सामान्य पाठकों के लिए विशेष रूप से उपयोगी सिद्ध होगी।

—अनीश भसीन

एफ-84, लाजपत नगर-2,
नई दिल्ली-110024

अनुक्रम

1

विश्व : एक परिचय

1. वर्तमान में विश्व में (CIA World Fact Book, 2011 के अनुसार) कुल देशों की संख्या कितनी है?

(क) 184 (ख) 193

(ग) 244 (घ) 262

2. विश्व के किस चार अक्षरीय राष्ट्र के नाम में अंग्रेजी वर्णमाला के प्रथम तीन अक्षर आते हैं?

(क) चाड (ख) फिजी

(ग) क्यूबा (घ) माली

3. इनमें से वे कौन से तीन राष्ट्र हैं, जो एक साथ एक ही महाद्वीप में स्थित हैं और जिनके नाम के प्रथम अक्षर अंग्रेजी वर्णमाला के 'ए' 'बी' 'सी' से प्रारंभ होते हैं?

(क) ऑस्ट्रिया, बेल्जियम और चेक

(ख) एस्टोनिया, बेलारूस और क्रोएशिया

(ग) अर्जेंटीना, ब्राजील और चिली

(घ) अल्जीरिया, बोत्सवाना और चाड

4. विश्व का कौन सा देश (वर्ष 2011 में) संयुक्त राष्ट्र संघ का 193वाँ सदस्य बना है?

(क) ईस्ट तिमोर (ख) दक्षिणी सूडान

(ग) फिलिस्तीन (घ) मोंटनेगो

उत्तर के लिए कृपया पृष्ठ सं. 167 देखें।

5. संयुक्त राष्ट्र महासभा ने 29 नवंबर, 2012 को किसे 'गैर-सदस्य पर्यवेक्षक राष्ट्र' का दर्जा (Non Member Observer State) दिया है?
(क) फिलीपींस (ख) सर्बिया
(ग) फिलिस्तीन (घ) तिब्बत

6. संयुक्त राष्ट्र महासभा ने वर्ष 2013 को किस वर्ष के रूप में घोषित किया है?
(क) जन-सहयोग के लिए अंतरराष्ट्रीय वर्ष
(ख) सर्प का वर्ष
(ग) अंतरराष्ट्रीय मानवाधिकार वर्ष
(घ) अंतरराष्ट्रीय महिला सशक्तीकरण वर्ष

7. इनमें से कौन सा देश बाल्टिक गणराज्य के नाम से जाना जाता है?
(क) एस्तोनिया (ख) लातविया
(ग) लिथुआनिया (घ) उपर्युक्त सभी

8. कौन सा देश बाल्कन राज्य में सम्मिलित नहीं है?
(क) बुल्गारिया (ख) रोमानिया
(ग) अल्बानिया (घ) अर्मीनिया

9. निम्न में से कौन सा देश स्कैंडिनेवियन राष्ट्र (scandinavian Nation) नहीं है?
(क) स्वीडन (ख) नॉर्वे
(ग) डेनमार्क (घ) स्विट्जरलैंड

10. इनमें से दक्षिण अमेरिका के देश 'इक्वाडोर' (Equador) का यह नाम क्यों पड़ा है?
(क) क्योंकि यहाँ 'इक्वाडोर' नाम की नदी प्रवाहित होती है।
(ख) क्योंकि इक्वाडोर/भूमध्य रेखा के इस देश से गुजरने के कारण।
(ग) क्योंकि भूमध्य रेखा इसे दो समान भागों में विभाजित करती है।
(घ) क्योंकि यहाँ भूमध्यरेखीय वन पाए जाते हैं।

11. 'मेक्सिको' देश किस महाद्वीप में स्थित है?
(क) उत्तरी अमेरिका (ख) यूरोप
(ग) दक्षिणी अमेरिका (घ) ऑस्ट्रेलिया

उत्तर के लिए कृपया पृष्ठ सं. 167 देखें।

12. इनमें से ग्रीनलैंड द्वीप किस देश के अधिकार-क्षेत्र में है?
(क) स्वीडन (ख) ग्रेट ब्रिटेन
(ग) डेनमार्क (घ) कनाडा

13. निम्न में से अफ्रीका का शृंग (हॉर्न ऑफ अफ्रीका) में कौन से देश सम्मिलित हैं?
(क) इथोपिया और जिबूती (ख) कैमरून और गैबन
(ग) नाइजीरिया और नाइजट (घ) सिएरा लियोन और लाइबेरिया

14. कौन सा देश विश्व में क्षेत्रफल की दृष्टि से सबसे बड़ा देश है?
(क) रूस (ख) संयुक्त राज्य अमेरिका
(ग) चीन (घ) कनाडा

15. भारत का विश्व में क्षेत्रफल की दृष्टि से कौन सा स्थान है?
(क) चौथा (ख) पाँचवाँ
(ग) छठा (घ) सातवाँ

16. कौन सा देश विश्व में क्षेत्रफल की दृष्टि से सबसे छोटा (स्वतंत्र) देश है?
(क) वेटिकन सिटी (ख) ईस्ट तिमोर
(ग) वनुआतु (घ) तुवालु

17. भारत और पाकिस्तान के मध्य सीमा रेखा को क्या कहते हैं?
(क) मैकमोहन रेखा (ख) मैगनेट रेखा
(ग) रेडक्लिफ रेखा (घ) ड्यूरंड रेखा

18. मैकमोहन रेखा किन दो देशों को पृथक् करती है?
(क) भारत व तिब्बत (ख) भारत व नेपाल
(ग) भारत व चीन (घ) भारत व भूटान

19. इनमें से 49 डिग्री अक्षांश रेखा किन देशों को अलग करती है?
(क) यू.एस.ए. व मेक्सिको (ख) फ्रांस व जर्मनी
(ग) यू.एस.ए. व कनाडा (घ) रूस व चीन

20. 38 डिग्री समानांतर रेखा किन दो देशों के मध्य राजनीतिक सीमा का कार्य करती है?
(क) यू.एस.ए. व कनाडा (ख) उत्तरी व दक्षिणी कोरिया
(ग) चीन व रूस (घ) जर्मनी व फ्रांस

उत्तर के लिए कृपया पृष्ठ सं. 167 देखें।

21. इनमें से फ्रांस और जर्मनी के मध्य सीमा रेखा को क्या कहते हैं?
(क) मैगनेट रेखा (ख) हिंडरबर्ग रेखा
(ग) ड्यूरंड रेख (घ) उपर्युक्त में से कोई नहीं

22. विश्व का कौन सा एकमात्र ऐसा देश है, जिसका राष्ट्रीय झंडा (National Flag) एकरंगा (एक ही रंग का) है?
(क) लाइबेरिया (ख) लेबनान
(ग) लीबिया (घ) लिथुआनिया

23. इनमें किस देश को छोड़कर विश्व के सभी देशों के राष्ट्रीय झंडे आयताकार (Rectangular) हैं?
(क) श्रीलंका (ख) नेपाल
(ग) चीन (घ) मालदीव

24. निम्न में किस देश का राष्ट्रीय गीत सबसे छोटा (लगभग 4 लाइनों का) है?
(क) पुर्तगाल (ख) जापान
(ग) स्पेन (घ) चीन

25. विश्व के किस देश का राष्ट्रीय गीत सबसे लंबा है?
(क) ग्रीस (यूनान) (ख) स्पेन
(ग) म्याँमार (बर्मा) (घ) क्यूबा

26. निम्न में से कौन सा विश्व का सबसे बड़ा स्थलरुद्ध (Land Luck) देश है?
(क) तुर्कमेनिस्तान (ख) कजाकिस्तान
(ग) ताजिकिस्तान (घ) किर्गिस्तान

27. संयुक्त राज्य अमेरिका में कुल कितने राज्य हैं?
(क) 40 राज्य (ख) 45 राज्य
(ग) 50 राज्य (घ) 57 राज्य

28. इनमें से अलास्का (Alaska) किस देश का हिस्सा है?
(क) रूस (ख) अमेरिका
(ग) ग्रेट ब्रिटेन (घ) ऑस्ट्रेलिया

उत्तर के लिए कृपया पृष्ठ सं. 167 देखें।

29. 'कनाडा', जो एक इंडियन शब्द है, इसका अर्थ क्या होता है?
(क) बड़ा गाँव (ख) बड़ी झील
(ग) बड़ा महानगर (घ) बड़ा पर्वत

30. विश्व के देशों एवं उनके राष्ट्रीय प्रतीकों में से कौन सा युग्म सुमेलित नहीं है?

	देश	राष्ट्रीय प्रतीक
(क)	फ्रांस	लिली
(ख)	इंग्लैंड	गुलाब
(ग)	इटली	मैपल पत्ती
(घ)	रूस	डबल हेडेड ईगल

31. संयुक्त राज्य अमेरिका का राष्ट्रीय प्रतीक कौन सा है?
(क) सोने की रॉड (ख) हार्प
(ग) डबल हेडेड ईगल (घ) बाज

32. किस देश का राष्ट्रीय प्रतीक 'मैपल पत्ती' है?
(क) अर्जेंटीना (ख) कनाडा
(ग) आयरलैंड (घ) चिली

33. यूरोप के किस देश का राष्ट्रीय प्रतीक शेर नहीं है?
(क) बेल्जियम (ख) पोलैंड
(ग) नीदरलैंड (हालैंड) (घ) नॉर्वे

34. जर्मनी का राष्ट्रीय प्रतीक कौन सा है?
(क) शेर (ख) हार्प
(ग) बाज (घ) ड्रैगन

35. चीन का राष्ट्रीय प्रतीक क्या है?
(क) ड्रैगन (ख) लिली
(ग) शेर (घ) बाज

36. पाकिस्तान का राष्ट्रीय प्रतीक कौन सा है?
(क) जैतून का फूल (ख) सीबी का फूल
(ग) चमेली का फूल (घ) गुलाब का फूल

उत्तर के लिए कृपया पृष्ठ सं. 167 देखें।

37. यूरोप के प्रमुख देशों एवं उनके राष्ट्रीय/स्वतंत्रता दिवस के जोड़ों में से कौन सा जोड़ा गलत है?

देश	राष्ट्रीय/स्वतंत्रता दिवस (जिस तिथि को मनाया जाता है)
(क) इटली	2 जून
(ख) रूस	14 जुलाई
(ग) स्विट्जरलैंड	1 अगस्त
(घ) जर्मनी	3 अक्तूबर

38. फ्रांस में प्रतिवर्ष किस तिथि को 'बास्तील दिवस' (Bastille Day) को राष्ट्रीय दिवस के रूप में मनाया जाता है?

(क) 4 जून को
(ख) 14 जून को
(ग) 4 जुलाई को
(घ) 14 जुलाई को

39. किस तिथि को अमेरिका का स्वतंत्रता दिवस मनाया जाता है?

(क) 4 जुलाई (ख) 4 अगस्त
(ग) 4 सितंबर (घ) 4 नवंबर

40. निम्न में से किस खाड़ी देश में 2 दिसंबर को राष्ट्रीय दिवस के रूप मनाया जाता है?

(क) सऊदी अरब (ख) ओमान
(ग) संयुक्त अरब अमीरात (घ) बहरीन

41. भारत के अतिरिक्त विश्व के किस अन्य देश का स्वतंत्रता दिवस भी 15 अगस्त को होता है?

(क) इंडोनेशिया (ख) सिंगापुर
(ग) कोरिया गणतंत्र (घ) मालदीव

42. दक्षिण अफ्रीका का स्वतंत्रता दिवस कब होता है?

(क) 17 अप्रैल (ख) 21 अप्रैल
(ग) 27 अप्रैल (घ) 7 मई

उत्तर के लिए कृपया पृष्ठ सं. 167 देखें।

43. चीन (China) में 12 वर्षों के ज्योतिष चक्र के आधार पर लगातार 12 वर्षों का नामकरण अलग-अलग जानवरों के आधार पर होता है। इसी शृंखला में वर्ष 2013 को किस वर्ष के रूप में वहाँ मनाया जा रहा है?
(क) खरगोश वर्ष (year of Rabbit)
(ख) ड्रैगन वर्ष (year of Dragon)
(ग) सर्प का वर्ष (year of Snake)
(घ) घोड़ा/हॉर्स वर्ष (year of Horse)

44. कौन सा विश्व का सबसे बड़ा द्वीपीय देश (क्षेत्रफलानुसार) है?
(क) मेडागास्कर (ख) पॉपुआ न्यू गिनी
(ग) इंडोनेशिया (घ) जापान

45. क्यूबा (Cuba) राष्ट्र कहाँ स्थित है?
(क) हिंद महासागर में
(ख) अटलांटिक महासागर में
(ग) प्रशांत महासागर में
(घ) आर्कटिक महासागर में

46. निम्न में से विश्व के किस देश की राजधानी 'दिली' (DILI) है?
(क) पूर्वी तिमोर (ख) टोगो
(ग) हैती (घ) तुवालू

47. विश्व के किस देश की राजधानी 'वियंतियाने' है?
(क) वियतनाम (ख) माल्टा
(ग) लाओस (घ) कंबोडिया

48. निम्न में से विश्व के प्रमुख देशों एवं उनकी राजधानियों (Capitals) के जोड़ों में कौन सा जोड़ा गलत है?

	प्रमुख देश	राजधानी
(क)	उज्बेकिस्तान	ताशकंद
(ख)	कजाकिस्तान	अस्ताना
(ग)	ताजिकिस्तान	बिशकेक
(घ)	तुर्कमेनिस्तान	आशखाबाद

उत्तर के लिए कृपया पृष्ठ सं. 167-168 देखें।

49. विश्व के प्रमुख देश एवं उनकी राजधानियों के जोड़ों में कौन सा जोड़ा सही नहीं है?

	प्रमुख देश	राजधानी
(क)	डेनमार्क	कोपेनहेगन
(ख)	स्वीडन	स्टॉकहोम
(ग)	आइलैंड	हेलसिंकी
(घ)	अर्जेंटीना	ब्यूनस ऑयर्स

50. किस देश की सरकारी रिपोर्ट/दस्तावेज को 'ब्लू बुक' (Blue Book) कहते हैं?

(क) बेल्जियम (ख) ब्रिटेन
(ग) ईरान (घ) इटली

51. किस देश की सरकारी रिपोर्ट/दस्तावेज को 'व्हाइट बुक' (White Book) कहते हैं?

(क) जर्मनी (ख) पुर्तगाल
(ग) चीन (घ) उपर्युक्त सभी

52. भारत की सरकारी रिपोर्ट/दस्तावेज को क्या कहा जाता है?

(क) श्वेत पत्र/व्हाइट पेपर (ख) ब्लैक पेपर
(ग) ऑरेंज पेपर (घ) रेड पेपर

53. जापान सरकार की रिपोर्ट/दस्तावेज को क्या कहा जाता है?

(क) ऑरेंज बुक (ख) येलो बुक
(ग) ग्रे बुक (घ) ग्रीन बुक

54. विश्व के प्रमुख देशों एवं उनके राष्ट्रीय स्मारक के युग्म में कौन सा युग्म गलत है?

	प्रमुख देश	**राष्ट्रीय स्मारक**
(क)	आस्ट्रेलिया	ऑपेरा हाउस
(ख)	इटली	पीसा की झुकी हुई मीनार
(ग)	यूनान (ग्रीस)	क्राइस्ट द रीडीमर स्टेच्यू
(घ)	मिस्त्र	पिरामिड

उत्तर के लिए कृपया पृष्ठ सं. 168 देखें।

55. किस देश का राष्ट्रीय स्मारक 'क्रेमलिन' है?

(क) चीन (ख) क्यूबा

(ग) रूस (घ) जर्मनी

56. संयुक्त अरब अमीरात (UAE) में कुल कितने शेख राज्य/अमीरात हैं?

(क) पाँच (ख) सात

(ग) नौ (घ) ग्यारह

57. 'युआन' (Yuan) किस देश की मुद्रा है?

(क) जापान (ख) दक्षिण कोरिया

(ग) चीन (घ) हांगकांग

58. 'येन' (Yen) किस देश की मुद्रा है?

(क) चीन (ख) जापान

(ग) मकाऊ (घ) उत्तरी कोरिया

59. विश्व में कुल कितनी मुद्राएँ (Currency) हैं, जिनका अपना अलग पहचान चिह्न (Symbol) है?

(क) तीन (ख) चार

(ग) पाँच (घ) सात

60. किस देश की मुद्रा का अपना पहचान चिह्न नहीं है?

(क) सं. रा. अमेरिका (ख) चीन

(ग) ब्रिटेन (घ) जापान

61. भारतीय रुपए का एक अलग पहचान चिह्न (जो वर्ष 2010 में निर्धारित किया गया) किसके द्वारा तैयार किया गया था?

(क) उषा थोराट (ख) डी. उदय कुमार

(ग) डी. प्रमोद कुमार (घ) उपर्युक्त में से कोई नहीं

62. इन देशों में से किस एक की मुद्रा 'रुपया' है?

(क) भूटान (ख) मालदीव

(ग) सेशीलीस (घ) मलेशिया

63. यूरोप (के 12 राष्ट्रों) में एक सामूहिक एकीकृत मुद्रा 'यूरो' (Euro) को कब अपनाया गया?

(क) 1 जनवरी, 1998 (ख) 1 जनवरी, 2000

(ग) 1 जनवरी, 2002 (घ) 1 जनवरी, 2004

उत्तर के लिए कृपया पृष्ठ सं. 168 देखें।

64. वर्तमान में 'यूरो' को आधिकारिक मुद्रा के रूप में अपनानेवाले यूरोपीय राष्ट्रों की कुल संख्या कितनी है?
(क) तेरह (ख) चौदह
(ग) सोलह (घ) सत्रह

65. किस देश से (1 जुलाई, 1997 को) हांगकांग (HongKong) की चीन को वापसी हुई है?
(क) रूस (ख) जापान
(ग) ब्रिटेन (घ) सं. रा. अमेरिका

66. आधुनिक साम्यवादी चीन (China) की स्थापना की 60वीं वर्षगाँठ कब मनाई गई थी?
(क) 1 अक्तूबर, 2003 (ख) 1 अक्तूबर, 2006
(ग) 1 अक्तूबर, 2008 (घ) 1 अक्तूबर, 2009

67. किस वर्ष चेकोस्लोवाकिया के विघटन के परिणामस्वरूप 'चेक गणराज्य' तथा 'स्लोवाकिया' दो अलग-अलग राष्ट्र बने?
(क) सन् 1991 (ख) सन् 1993
(ग) सन् 1995 (घ) सन् 1997

68. इनमें से कब कोसावो (Kosavo) द्वारा सर्बिया से अलग होकर स्वयं को स्वतंत्र राष्ट्र घोषित किया गया?
(क) 17 फरवरी, 2008
(ख) 11 जनवरी, 2009
(ग) 17 फरवरी, 2010
(घ) 11 जनवरी, 2011

69. वर्तमान में यूगोस्लाविया के नाम से कौन सा देश पाया जाता है?
(क) मेसीडोनिया (ख) सर्बिया मोटेनेग्रो
(ग) स्लोवेनिया (घ) बोस्निया-हर्जेगोविना

70. कौन सा देश विश्व की हेलीपोर्ट राजधानी के नाम से जाना जाता है?
(क) उत्तर कोरिया (ख) जापान
(ग) दक्षिण कोरिया (घ) चीन

उत्तर के लिए कृपया पृष्ठ सं. 168 देखें।

71. विश्व के प्रमुख देश एवं उनकी राजधानी के युग्म में कौन सा जोड़ा गलत है?

प्रमुख देश	राजधानी
(क) बोत्सवाना	सेराजेवो
(ख) बारबाडोस	ब्रिजटाउन
(ग) कोलंबिया	बोगोटा
(घ) चेक गणराज्य	प्राग

72. कौन सा राजधानी नगर विश्व में सर्वाधिक ऊँचाई पर स्थित है?

(क) मास्को (रूस) (ख) ल्हासा (तिब्बत)

(ग) लापाज (बोलीविया) (घ) ओटावा (कनाडा)

73. किस देश ने (वर्ष 2009 में) अपनी राजधानी भूकंप की आशंका के चलते कहीं अन्यत्र बनाने का फैसला लिया है?

(क) म्याँमार (ख) ईरान

(ग) इंडोनेशिया (घ) अफगानिस्तान

74. निम्न में से कौन से विश्व के प्रमुख जुड़वाँ शहर (Twin Cities) हैं?

(क) इसलामाबाद-रावलपिंडी (पाक)

(ख) हैदराबाद-सिकंदराबाद (भारत)

(ग) टोकियो-याकोहामा (जापान)

(घ) उपर्युक्त सभी

75. इनमें से कौन सा एक विश्व का प्रमुख जुड़वाँ शहर नहीं है?

(क) स्टावेंजर-सेंडनेस (नॉर्वे)

(ख) सियोल-इंचिन (द. कोरिया)

(ग) बीजिंग-मंचूरिया (चीन)

(घ) एथेंस-पिरेअस (ग्रीस)

76. कौन सा विश्व का सबसे ऊँचा भवन है?

(क) सियर्स/ विलिस टॉवर (शिकागो)

(ख) ताइपे (ताइवान)

(ग) बुर्ज दुबई (या बुर्ज खलीफा) (सं. अ. अमीरात)

(घ) पेट्रोनाज टॉवर (कुआलालंपूर, मलेशिया)

उत्तर के लिए कृपया पृष्ठ सं. 168 देखें।

77. संयुक्त राज्य अमेरिका में न्यूयॉर्क हार्बर्ट में लिबर्टी द्वीप पर स्थापित 'स्टेच्यू ऑफ लिबर्टी' (Statue of Liberty) की कौन सी वर्षगाँठ 28 अक्तूबर, 2011 को मनाई गई है?

(क) 75वीं (ख) 100वीं

(ग) 125वीं (घ) 150वीं

78. निम्न में से कौन सा इंडो-चाइना (Indo-China) का देश नहीं है?

(क) वियतनाम (ख) लाओस

(ग) कंबोडिया (घ) चीन

79. विश्व में मानव विकास (Human Development) की दृष्टि से किस देश का स्थान प्रथम है?

(क) स्वीडन (ख) नॉर्वे

(ग) डेनमार्क (घ) संयुक्त राज्य अमेरिका

80. विश्व के सर्वाधिक जनसंख्यावाले देश चीन की कुल जनसंख्या (वर्ष 2012 के अंत तक) कितनी है?

(क) 130 करोड़ (ख) 134 करोड़

(ग) 144 करोड़ (घ) 150 करोड़

□

उत्तर के लिए कृपया पृष्ठ सं. 168 देखें।

2

इतिहास

81. विश्व-विख्यात मैराथन का युद्ध (490 ई.पू.)एथेंस में यूनानियों एवं किनके मध्य हुआ था?
    (क) यूनानियों एवं इराकियों
    (ख) यूनानियों एवं फ्रांसीसियों
    (ग) यूनानियों एवं ईरानियों
    (घ) यूनानियों एवं अंग्रेजों
82. इनमें से शतवर्षीय युद्ध (1337 से 1453 ई.) किन देशों के बीच 100 वर्ष तक चला था?
    (क) इंग्लैंड और फ्रांस (ख) इंग्लैंड और इटली
    (ग) इंग्लैंड और यूनान (ग्रीक) (घ) इंग्लैंड और चीन
83. ब्रिटेन के इतिहास में 12 जून, 1215 के दिन का क्या विशेष महत्त्व है?
    (क) इस दिन महारानी एलिजाबेथ प्रथम ने राजगद्दी सँभाली थी।
    (ख) इस दिन ब्रिटेन के तत्कालीन सम्राट् जॉन को उसके सामंतों द्वारा मानवाधिकारों को मान्यता देनेवाले घोषणा-पत्र पर हस्ताक्षर करने हेतु विवश किया गया था। (इसे 'मैग्नाकार्टा' भी कहा जाता है।)
    (ग) इस दिन ब्रिटेन की संसद् तत्कालीन सम्राट् विलियम से एक अधिकार-पत्र (Bill of Rights) पर हस्ताक्षर कराने में सफल रही थी।
    (घ) इस दिन इंग्लैंड के राजा हेरॉल्ड तथा नॉरमैंडी ड्यूक विलियम के मध्य मैस्टिंग्स का युद्ध हुआ था।

उत्तर के लिए कृपया पृष्ठ सं. 168 देखें।

84. इनमें से किस वर्ष वास्कोडिगामा (पुर्तगाली) ने भारत की खोज की थी?
(क) सन् 1494 (ख) सन् 1498
(ग) सन् 1509 (घ) सन् 1526

85. महारानी एलिजाबेथ प्रथम ब्रिटेन की सम्राज्ञी किस दौरान थीं?
(क) सन् 1526 से 1567 तक
(ख) सन् 1537 से 1601 तक
(ग) सन् 1558 से 1603 तक
(घ) सन् 1596 से 1659 तक

86. इंग्लैंड में वर्ष 1688-89 में हुई रक्तहीन क्रांति के बाद किसे वहाँ का राजा बनाया गया था?
(क) जेम्स प्रथम (ख) जॉन प्रथम
(ग) जेम्स द्वितीय (घ) विलियम

87. अमेरिकी क्रांति से पूर्व उत्तरी अमेरिका के सभी 13 उपनिवेशों पर किस देश का शासन था?
(क) जर्मनी (ख) ब्रिटेन
(ग) फ्रांस (घ) इटली

88. अमेरिका का प्रसिद्ध 'स्वतंत्रता का घोषणा-पत्र' (Decleration of Independence) कब लिखकर तैयार किया गया था?
(क) 16 जुलाई, 1766 (ख) 4 जुलाई, 1776
(ग) 16 जुलाई, 1789 (घ) 4 जुलाई, 1791

89. फ्रांसीसी क्रांति कब हुई थी?
(क) सन् 1776 में
(ख) सन् 1779 में
(ग) सन् 1786 में
(घ) सन् 1789 में

90. ट्राफलगर का युद्ध ब्रिटिश नौसेना के एडमिरल नेल्सन तथा नेपोलियन बोनापार्ट (फ्रांस के बीच किस वर्ष हुआ था?
(क) सन् 1801 में (ख) सन् 1805 में
(ग) सन् 1815 में (घ) सन् 1821 में

उत्तर के लिए कृपया पृष्ठ सं. 168 देखें।

91. प्रसिद्ध 'वाटरलू का युद्ध' सन् 1815 में किनके बीच हुआ था?
(क) वह युद्ध ब्रिटिश जहाजी बेड़े तथा स्पेन के जहाजी बेड़े के बीच हुआ था।
(ख) वह ड्यूक ऑफ वेलिंग्टन के नेतृत्व में ब्रिटिश सेना तथा नेपोलियन के नेतृत्व में फ्रांसीसी सेना के बीच हुआ था।
(ग) वह इंग्लैंड और जर्मनी के बीच हुआ था।
(घ) वह नेल्सन के नेतृत्व में एडमिरल ब्रिटेन तथा फ्रांस के जहाजी बेड़े के बीच लड़ा गया था।

92. 'वाटरलू' इनमें से किस राष्ट्र में है?
(क) बेल्जियम (ख) पुर्तगाल
(ग) स्पेन (घ) जर्मनी

93. 'क्रीमियन के युद्ध' (सन् 1854 से 1856 तक) का परिणाम क्या हुआ था?
(क) ब्रिटेन तथा फ्रांस की सेनाओं ने रूस को पराजित किया।
(ख) ब्रिटेन ने स्पेन को पराजित किया।
(ग) उस युद्ध में नेपोलियन मारा गया।
(घ) ब्रिटेन ने जर्मनी को पराजित किया।

94. अमेरिकन गृह युद्ध (सिविल वॉर) कब हुआ था?
(क) सन् 1861 से 1865 तक (ख) सन् 1865 से 1869 तक
(ग) सन् 1872 से 1877 तक (घ) सन् 1881 से 1885 तक

95. रूस एवं जापान के बीच युद्ध कब हुआ था, जिसमें जापान जैसे छोटे देश ने रूस जैसे बड़े देश को पराजित किया था?
(क) सन् 1901-02 (ख) सन् 1904-05
(ग) सन् 1908-09 (घ) सन् 1914-15

96. सन् 1917 में 'रूस की क्रांति' के नाम के साथ वर्ष के किस मास का नाम जुड़ा हुआ है?
(क) फरवरी (ख) अगस्त
(ग) अक्तूबर (घ) दिसंबर

उत्तर के लिए कृपया पृष्ठ सं. 168-169 देखें।

97. तुर्की की क्रांति किस अवधि में हुई थी?

(क) सन् 1905-10 (ख) सन् 1908-13

(ग) सन् 1914-17 (घ) सन् 1915-21

98. भारतीय क्रांतिकारी लाला हरदयाल सिंह ने 'गदर पार्टी' की स्थापना किस देश में की थी?

(क) रूस (ख) अमेरिका

(ग) जर्मनी (घ) जापान

99. प्रथम विश्व युद्ध की अवधि क्या थी?

(क) सन् 1905-10 (ख) सन् 1908-14

(ग) सन् 1914-18 (घ) सन् 1917-21

100. प्रथम विश्व युद्ध ऑस्ट्रिया द्वारा निम्न में से किस देश पर आक्रमण करने के साथ शुरू हुआ था?

(क) सर्बिया (ख) इटली

(ग) फ्रांस (घ) जर्मनी

101. प्रथम विश्व युद्ध के बाद स्थापित 'राष्ट्र संघ' (Legue of Nations) का सदस्य अमेरिका क्यों नहीं बना था?

(क) ब्रिटेन के विरोध के कारण।

(ख) रूस का समर्थन न मिलने के कारण।

(ग) अमेरिकी सीनेट ने वार्साय की संधि को मान्यता नहीं दी थी, जिसके अंतर्गत 'राष्ट्र संघ' का जन्म हुआ था।

(घ) सभी मित्र राष्ट्रों के विरोध के चलते।

102. द्वितीय विश्व युद्ध कब से कब तक हुआ था?

(क) सन् 1934 से 1937 तक

(ख) सन् 1939 से 1945 तक

(ग) सन् 1941 से 1947 तक

(घ) सन् 1945 से 1948 तक

103. द्वितीय विश्व युद्ध के दौरान अगस्त 1945 में जापान के हिरोशिमा तथा नागासाकी शहरों पर अणु बम किस देश ने गिराए थे?

(क) अमेरिका ने (ख) जर्मनी ने

(ग) ब्रिटेन ने (घ) रूस ने

उत्तर के लिए कृपया पृष्ठ सं. 169 देखें।

104. इनमें से कब चीन में साम्यवादी क्रांति (Communist Revolution) हुई थी?
(क) सन् 1947 में (ख) सन् 1949 में
(ग) सन् 1954 में (घ) सन् 1959 में

105. स्वेज नहर का युद्ध किस वर्ष हुआ था?
(क) सन् 1949 में (ख) सन् 1956 में
(ग) सन् 1961 में (घ) सन् 1973 में

106. स्वेज नहर के युद्ध (के प्रारंभ होने) का प्रमुख कारण क्या था?
(क) मिस्त्र द्वारा स्वेज नहर के निकट रूसी सैनिक तैनात करने के कारण।
(ख) कर्नल नासिर (मिस्त्र) द्वारा स्वेज नहर का राष्ट्रीयकरण करने के कारण।
(ग) मिस्त्र द्वारा अमेरिका का विरोध करने के कारण।
(घ) कर्नल नासिर द्वारा फ्रांस का समर्थन करने के कारण।

107. वर्ष 1967 के अरब-इजराइल युद्ध में किसकी विजय हुई थी?
(क) इजराइल (ख) सीरिया
(ग) जॉर्डन (घ) मिस्त्र

108. ईरान-इराक के मध्य युद्ध कब से कब तक हुआ था?
(क) सन् 1970 से 1977 तक (ख) सन् 1980 से 1988 तक
(ग) सन् 1989 से 1993 तक (घ) सन् 1991 से 1998 तक

109. वर्ष 1965 के भारत-पाक युद्ध के पश्चात् कहाँ समझौता संपन्न हुआ था?
(क) इसलामाबाद (ख) ताशकंद
(ग) शिमला (घ) दिल्ली

110. भारत और चीन के मध्य 'पंचशील समझौता' कब हुआ था?
(क) 29 अप्रैल, 1951 (ख) 29 अप्रैल, 1954
(ग) 29 अप्रैल, 1957 (घ) 29 अप्रैल, 1959

111. निम्न में से भारत एवं चीन के मध्य युद्ध कब हुआ था?
(क) सन् 1962 में (ख) सन् 1965 में
(ग) सन् 1967 में (घ) सन् 1971 में

उत्तर के लिए कृपया पृष्ठ सं. 169 देखें।

112. सन् 1971 में भारत एवं पाकिस्तान युद्ध के परिणामस्वरूप किस देश का उदय हुआ था?
(क) म्यांमार (बर्मा) (ख) श्रीलंका
(ग) बँगलादेश (घ) भूटान

113. पूर्वी एवं पश्चिमी जर्मनी का एकीकरण कब हुआ था?
(क) 13 अक्तूबर, 1989 (ख) 3 अक्तूबर, 1990
(ग) 3 अक्तूबर, 1992 (घ) 13 अक्तूबर, 1993

114. सोवियत संघ (USSR) का विघटन कब हुआ था?
(क) 25 दिसंबर, 1991 (ख) 10 दिसंबर, 1992
(ग) 10 नवंबर, 1993 (घ) 25 दिसंबर, 1994

115. किस वर्ष कारगिल क्षेत्र में भारत और पाकिस्तान के मध्य अघोषित युद्ध हुआ था?
(क) सन् 1997 (ख) सन् 1999
(ग) सन् 2001 (घ) सन् 2003

116. (प्रथम) खाड़ी युद्ध कब प्रारंभ हुआ था?
(क) सन् 1991 में (ख) सन् 1994 में
(ग) सन् 1997 में (घ) सन् 1999 में

117. खाड़ी युद्ध (Gulf War) अमेरिका और किसके मध्य हुआ था?
(क) इराक (ख) ईरान
(ग) संयुक्त अरब अमीरात (घ) कुवैत

118. अफगानिस्तान-अमेरका युद्ध कब प्रारंभ हुआ था, जिसके द्वारा तालिबान शासन का अंत हुआ?
(क) 17 अक्तूबर, 2000 (ख) 7 अक्तूबर, 2001
(ग) 17 अक्तूबर, 2002 (घ) 7 अक्तूबर, 2003

119. द्वितीय खाड़ी युद्ध कब प्रारंभ हुआ था, जिसके द्वारा इराक में सद्दाम हुसैन के शासन का अंत हुआ?
(क) 20 मार्च, 2002 (ख) 20 मार्च, 2003
(ग) 20 मई, 2005 (घ) 20 मई, 2006

☐

उत्तर के लिए कृपया पृष्ठ सं. 169 देखें।

3

राष्ट्रपति एवं प्रधानमंत्री

120. संयुक्त राज्य अमेरिका के राष्ट्रपतियों (Presidents of USA) का सही क्रम क्या है?

(क) जॉन एफ. केनेडी—जेम्स ई. कार्टर—रिचर्ड एन.निक्सन—रोनाल्ड रीगन

(ख) जॉन एफ. केनेडी—रिचर्ड एन.निक्सन—जेम्स ई.कार्टर—रोनाल्ड रीगन

(ग) रिचर्ड एन निक्सन—रोनाल्ड रीगन—जेम्स ई.कार्टर—जॉर्ज बुश

(घ) रिचर्ड एन.निक्सन—जेम्स ई.कार्टर—गैरॉल्ड जी. फोर्ड—जॉर्ज बुश

121. अमेरिका के वर्तमान राष्ट्रपति बराक ओबामा (Barack Hussein Obama) अमेरिका के कौन से राष्ट्रपति हैं?

(क) 41वें (ख) 42वें

(ग) 43वें (घ) 44वें

122. स्टीफन हार्पर (Stephen Harper) इनमें से किस देश के प्रधानमंत्री हैं?

(क) ऑस्ट्रेलिया (ख) न्यूजीलैंड

(ग) कनाडा (घ) स्वीडन

123. इनमें से कौन ब्रिटेन का प्रधानमंत्री रहा है?

(क) टोनी ब्लेयर (ख) गोर्डन ब्राउन

(ग) जॉन मेजर (घ) उपर्युक्त सभी

उत्तर के लिए कृपया पृष्ठ सं. 169 देखें।

124. डेविड कैमरून (David Cameron) वर्तमान में किस देश के प्रधानमंत्री (वर्ष 2010 से) हैं?
(क) इटली (ख) जर्मनी
(ग) कनाडा (घ) ब्रिटेन

125. सोवियत संघ (USSR) के पतन (वर्ष 1991) के दौरान वहाँ के राष्ट्रपति कौन थे?
(क) लियोनार्द ब्रेझनेव (ख) जोसेफ स्तालिन
(ग) मिखाइल गोर्बाचोव (घ) निकिता ख्रुश्चेव

126. व्लादिमीर पुतिन Vladimir Putin) कितनी बार रूस के राष्ट्रपति (वर्ष 2012 तक) बन चुके हैं?
(क) एक बार (ख) दो बार
(ग) तीन बार (घ) चार बार

127. इनमें से कौन रूस (Russia) का प्रधानमंत्री नहीं रहा है?
(क) मिखाइल फ्रेदकोव (ख) बोरिस येल्तसिन
(ग) मिखाइल कास्यानोव (घ) व्लादिमीर पुतिन

128. मार्च 2013 में चीन (China) के नए राष्ट्रपति कौन बने?
(क) वेन जियाबाओ (ख) शी जिन पिंग
(ग) ली-कियांग (घ) हू-जिन ताओ

129. नेल्सन मंडेला कब से कब तक दक्षिण अफ्रीका के राष्ट्रपति रहे थे?
(क) सन् 1991 से 1997 तक
(ख) सन् 1993 से 1997 तक
(ग) सन् 1994 से 1999 तक
(घ) सन् 1999 से 2004 तक

130. वर्तमान में (सन् 2012) दक्षिण अफ्रीका के राष्ट्रपति कौन हैं?
(क) थाबो म्बेकी (ख) गलेमा मोटलांथे
(ग) जैकब जुमा (घ) गुडलक जोनाथन

131. 'रोबर्ट मुगाबे' किस देश के राष्ट्रपति हैं?
(क) जिंबाब्वे (ख) नाइजीरिया
(ग) युगांडा (घ) जांबिया

उत्तर के लिए कृपया पृष्ठ सं. 169 देखें।

132. इनमें से कौन पिछले 25 वर्षों से अफ्रीकी देश युगांडा का राष्ट्रपति है?
(क) अमादोऊ तुमानी (ख) योवेरी मुसेवेनी
(ग) आबिदीन बेन अली (घ) रॉबर्ट मुगाबे

133. इनमें से ईरान के वर्तमान राष्ट्रपति कौन हैं?
(क) मोहम्मद खातमी
(ख) अयातुल्ला अली खमैनी
(ग) हुसैन मौसवी
(घ) हसन रुहानी

134. एच. सुशीलो युधोयोनो (H. Susilo Yudhoyono) किस देश के राष्ट्रपति हैं?
(क) इंडोनेशिया (ख) म्याँमार
(ग) न्यूजीलैंड (घ) वियतनाम

135. इन देशों में से किस एक में फिदेल कास्त्रो (Fidel Castro) दीर्घतम अवधि तक (लगभग 50 वर्षों तक) राष्ट्रपति रहे हैं?
(क) जिंबाब्वे (ख) क्यूबा
(ग) लीबिया (घ) इराक

136. ह्यूगो शावेज (Hugo Chavez) किस लैटिन अमेरिकी (दक्षिण अमेरिकी) राष्ट्र के राष्ट्रपति रहे हैं?
(क) वेनेजुएला (ख) ब्राजील
(ग) क्यूबा (घ) कोलंबिया

137. किस देश में (वर्ष 2008 में) एक संविधान संशोधन द्वारा राष्ट्रपति का कार्यकाल 4 वर्ष से बढ़ाकर 6 वर्ष किया गया है?
(क) इराक (ख) ईरान
(ग) रूस (घ) चीन

138. इन देशों में से किस देश में (वर्ष 2009 में) राष्ट्रपति पद पर दो से अधिक बार निर्वाचन के पक्ष में जनमत-संग्रह (Referendum) कराया गया?
(क) वेनेजुएला (ख) ग्वाटेमाला
(ग) क्यूबा (घ) पेरू

उत्तर के लिए कृपया पृष्ठ सं. 169-170 देखें।

139. दक्षिण एशिया के किस राष्ट्र में (वर्ष 2010 में) एक नए संविधान संशोधन के द्वारा राष्ट्रपति हेतु दो कार्यकालों की समय-सीमा समाप्त कर दी गई है?
(क) बाँग्लादेश (ख) मालदीव
(ग) श्रीलंका (घ) पाकिस्तान

140. अब्दुल हलीम मुअज्जम शाह इनमें से किस देश के सुल्तान हैं?
(क) सऊदी अरब (ख) मलेशिया
(ग) ओमान (घ) नीदरलैंड

141. इनासियो लुला डि सिल्वा (Lula de Silva) किस देश के राष्ट्रपति रहे हैं?
(क) फिजी (ख) इंडोनेशिया
(ग) दक्षिण अफ्रीका (घ) ब्राजील

142. भारतीय मूल का कौन सा राजनीतिज्ञ पिछले वर्षों में विदेश में (किस देश में) प्रधानमंत्री या राष्ट्रपति निर्वाचित हुआ है?
(क) कमला प्रसाद बिसेसर (ख) अनिरुद्ध जगन्नाथ
(ग) महेंद्र चौधरी (घ) उपर्युक्त सभी

143. विगत वर्षों में भारतीय मूल के भरत जगदेव किस देश के राष्ट्रपति रह चुके हैं?
(क) त्रिनिडाड एवं टोबैगो (ख) मॉरीशस
(ग) गुयाना (घ) फिजी

144. नवंबर 2011 में दक्षिण अमेरिकी राष्ट्र गुयाना (Guyana) में भारतीय मूल का कौन सा राजनीतिज्ञ नया राष्ट्रपति निर्वाचित हुआ है?
(क) स्वराज पॉल
(ख) डोनाल्ड रामोतार
(ग) पीयूष बॉबी जिंदल
(घ) डॉ. नवीनचंद्र रामगुलाम

145. भारतीय मूल के अनिरुद्ध जगन्नाथ पूर्व वर्षों में किस देश के प्रधानमंत्री/राष्ट्रपति रह चुके हैं?
(क) सूरीनाम (ख) फिजी
(ग) मॉरीशस (घ) मलेशिया

उत्तर के लिए कृपया पृष्ठ सं. 170 देखें।

146. भारतीय मूल के बॉबी जिंदल अमेरिका के किसी राज्य में गवर्नर बननेवाले (भारतीय मूल के) पहले व्यक्ति हैं। वह निम्न में से किस अमेरिकी राज्य के (वर्ष 2007 में) पहले गवर्नर बने थे?

(क) एरिजोना (ख) लूसियाना

(ग) पेंसिल्वेनिया (घ) साउथ कैरोलिना

147. निम्न में से कौन (किसी राष्ट्र का) सबसे लंबी अवधि तक राष्ट्रपति रहा है?

(क) होस्नी मुबारक (मिस्र)

(ख) मुअम्मर गद्दाफी (लीबिया)

(ग) आबिदीन बेन अली (ट्यूनीशिया)

(घ) अली अब्दुल्ला सालेह (यमन)

148. यासर अराफात (Yaser Arafat) के निधन के पश्चात् 'फिलिस्तीनी मुक्ति संगठन' (PLO) का अध्यक्ष (फिलिस्तीनी राष्ट्रपति) किसे बनाया गया है?

(क) महमूद अहमदीनेजाद (ख) महमूद जिबरिल

(ग) महमूद अब्बास (घ) अब्दुल रहीम-अल-कीब

149. उत्तरी कोरिया के सर्वोच्च नेता (राष्ट्रपति) 'किम-जोंग-इल' के निधन के पश्चात् (दिसंबर 2011 में) किसे उत्तराधिकारी घोषित किया गया है?

(क) किम-जोंग-उन (ख) किम-जोंग-चोल

(ग) किम-जोंग-नाम (घ) किम-सुल-सोंग

150. सऊदी अरब के किंग फहद के निधन (2005) के पश्चात् सऊदी के नए सुल्तान कौन बने थे?

(क) शेख खलीद बिन जायद अल नह्यान

(ख) अब्दुल हलीम मुअज्जम शाह

(ग) शाह अब्दुल्ला

(घ) अब्दुल अजीज अल-साद

151. पाकिस्तान के राष्ट्रपति पद से परवेज मुशर्रफ के त्यागपत्र के बाद पाकिस्तान का राष्ट्रपति कौन बना था?

(क) आसिफ अली जरदारी (ख) यूसुफ रजा गिलानी

(ग) नवाज शरीफ (घ) उपर्युक्त में से कोई नहीं

उत्तर के लिए कृपया पृष्ठ सं. 170 देखें।

152. महिंदा राजपक्षे इनमें किस दक्षिण एशियाई देश के राष्ट्रपति थे?
(क) बाँग्लादेश (ख) श्रीलंका
(ग) मालदीव (घ) नेपाल

153. वर्तमान (सन् 2012) में अफगानिस्तान के राष्ट्रपति कौन हैं?
(क) महमूद अहमदीनेजाद (ख) आसिफ अली जरदारी
(ग) हामिद करजई (घ) होस्नी मुबारक

154. वर्ष 2008 में नेपाल में राजशाही की समाप्ति के बाद कौन नेपाल के पहले निर्वाचित प्रधानमंत्री बने थे?
(क) रामबरन यादव (ख) प्रचंड (पुष्प कमल दहल)
(ग) डॉ. बाबूराम भट्टाराई (घ) माधव कुमार नेपाल

155. मालदीव में राष्ट्रपति पद के लिए पहली बार लोकतांत्रिक ढंग से चुनाव अक्तूबर 2008 में हुए। इनमें से किस लोकतंत्र समर्थक नेता ने इन चुनावों में पिछले तीन दशकों से सत्तारूढ़ राष्ट्रपति मौमूद अब्दुल गयूम को पराजित किया है?
(क) फातिमा दियाना सईद (ख) मोहम्मद अन्नी नशीद
(ग) आंग-सान-सू-की (घ) वाहिद हसन

156. सदियों पुरानी राजशाही से लोकतंत्र की ओर कदम बढ़ा चुके भूटान में नए नरेश (पाँचवें नरेश) जिग्मे खेसर नामग्याल वांगचुक का राज्याभिषेक कब हुआ है?
(क) 16 नवंबर, 2007 (ख) 6 नवंबर, 2008
(ग) 6 नवंबर, 2009 (घ) 16 नवंबर, 2010

157. म्याँमार (बर्मा) में सैन्य शासन की औपचारिक समाप्ति के बाद वर्ष 2011 में म्याँमार के नए राष्ट्रपति कौन बने हैं?
(क) थान श्वे (ख) आंग-सान सू की
(ग) थीन सीन (घ) उपर्युक्त कोई भी नहीं

158. भूमिबोल अदुल्य रेज किस देश के सम्राट् हैं, जो वर्तमान में सर्वाधिक समय से (वर्ष 1946 से) किसी देश के सम्राट् भी हैं?
(क) थाइलैंड (ख) ब्रूनेई
(ग) जापान (घ) कंबोडिया

उत्तर के लिए कृपया पृष्ठ सं. 170 देखें।

159. वर्तमान में ब्रूनेई के सुल्तान कौन हैं?
(क) खलीफा अल खलीफा
(ख) हाजी हसनअल बोलकिया
(ग) काबूस बिन सईद अल सईद
(घ) जोस एडवर्डो डॉस

160. इनमें से किस देश के कार्ल-XVI गुस्ताफ सम्राट् हैं?
(क) स्पेन (ख) बेल्जियम
(ग) स्वीडन (घ) अंगोला

161. वर्तमान में (वर्ष 2011 तक) यूरोपीय संसद् में कुल सीटों की संख्या कितनी है?
(क) 636 (ख) 678
(ग) 736 (घ) 810

162. किस देश की यूरोपीय संसद् की सर्वाधिक सीटें हैं?
(क) ब्रिटेन (ख) फ्रांस
(ग) इटली (घ) जर्मनी

163. दक्षिण अफ्रीका में सत्तारूढ़ अफ्रीकन नेशनल कांग्रेस की स्थापना के कितने वर्ष 8 जनवरी, 2012 में पूरे हुए हैं?
(क) 75 वर्ष (ख) 100 वर्ष
(ग) 125 वर्ष (घ) 150 वर्ष

164. चीन की संसद् का क्या नाम है?
(क) नेशनल पीपुल्स काउंसिल
(ख) जनरल पीपुल्स कांग्रेस
(ग) पीपुल्स सुप्रीम असेंबली
(घ) ग्रेट पीपुल्स खुराल

165. इनमें से किस देश की पार्लियामेंट को 'डायर' कहा जाता है?
(क) रूस (ख) जर्मनी
(ग) जापान (घ) क्यूबा

उत्तर के लिए कृपया पृष्ठ सं. 170 देखें।

166. विश्व के प्रमुख देशों एवं उनकी संसद् के जोड़ों में कौन सा जोड़ा गलत है?

प्रमुख देश	संसद्
(क) अमेरिका	कांग्रेस (हाउस ऑफ रिप्रेजेंटेटिव एवं सीनेट)
(ख) जर्मनी	चैंबर ऑफ डिपुटीज व सीनेट
(ग) रूस	ड्यूमा व फेडरेशन कौंसिल
(घ) नॉर्वे	स्टॉर्टिंग

167. ब्रिटेन की पार्लियामेंट, जो ट्रिसडवीज है, का इनमें से क्या नाम है?

(क) हाउस ऑफ कॉमंस एवं हाउस ऑफ लॉर्ड्स
(ख) चैंबर ऑफ डिपुटीज एवं सीनेट
(ग) बुंडेस्टाग एवं बुडेश्रात
(घ) हाउस ऑफ कॉमंस एवं सीने

□

उत्तर के लिए कृपया पृष्ठ सं. 170 देखें।

4

महिलाएँ

168. विश्व की प्रथम महिला प्रधानमंत्री (वर्ष 1959 में) कौन बनी थीं?
   (क) इसाबेल मार्टिनेज (अर्जेंटीना)
   (ख) सिरिमाओ भंडारनायके (श्रीलंका)
   (ग) मारग्रेट थैचर (ब्रिटेन)
   (घ) कोराजन एक्विनो (फिलीपींस)
169. इंदिरा गांधी भारत की प्रधानमंत्री किस वर्ष बनी थीं?
   (क) सन् 1964 में (ख) सन् 1966 में
   (ग) सन् 1977 में (घ) सन् 1979 में
170. बेनजीर भुट्टो किस वर्ष पाकिस्तान की पहली बार प्रधानमंत्री बनी थीं?
   (क) सन् 1984 में (ख) सन् 1986 में
   (ग) सन् 1988 में (घ) सन् 1991 में
171. बँगलादेश की प्रथम महिला प्रधानमंत्री (सन् 1991 में) कौन थीं?
   (क) शेख हसीना (ख) खालिदा जिया
   (ग) फहमिदा मिर्जा (घ) फातिमा सईद
172. मारिया ग्लोरिया अरोथे (वर्ष 2001 से 2010 के दौरान) किस देश की राष्ट्रपति रही हैं?
   (क) फिलीपींस (ख) इंडोनेशिया
   (ग) मलेशिया (घ) सिंगापुर

उत्तर के लिए कृपया पृष्ठ सं. 170 देखें।

173. मेघावती सुकरर्णोपुत्री किस देश की (वर्ष 2001–04 के दौरान) महिला राष्ट्रपति रही हैं?

(क) मिस्र (ख) रवांडा

(ग) इंडोनेशिया (घ) फिजी

174. मारग्रेट थैचर कब से कब तक ब्रिटेन की प्रधानमंत्री रही थीं?

(क) सन् 1969 से 1978 तक

(ख) सन् 1979 से 1990 तक

(ग) सन् 1987 से 1997 तक

(घ) सन् 1991 से 1997 तक

175. मैरी रॉबिंसन (वर्ष 1990 से 1997 तक) किस देश की राष्ट्रपति रही हैं?

(क) डेनमार्क (ख) आयरलैंड

(ग) पुर्तगाल (घ) नॉर्वे

176. किस देश में मिसेल बचलेट (वर्ष 2006 में) पहली महिला राष्ट्रपति निर्वाचित हुई थीं?

(क) चिली में (ख) ग्वाटेमाला में

(ग) अर्जेंटीना में (घ) कोस्टारिका में

177. इनमें से कौन जर्मनी की पहली महिला चांसलर (वर्ष 2005 में) बनी हैं?

(क) डिल्मा रॉसेफ (ख) क्रिस्टीना कर्चनर

(ग) एंजेला मॉर्केल (घ) ग्रो हरलेम ब्रंटलैंड

178. क्रिस्टीना कर्चनर (Critiana Kirchner) किस देश की महिला राष्ट्रपति रही हैं?

(क) डेनमार्क (ख) ब्राजील

(ग) स्वीडन (घ) अर्जेंटीना

179. प्रतिभा पाटिल भारत की पहली महिला राष्ट्रपति कब बनी थीं?

(क) जुलाई 2005 में (ख) जुलाई 2006 में

(ग) जुलाई 2007 में (घ) जुलाई 2012 में

180. वर्तमान में (वर्ष 2012 में) बँगलादेश की महिला प्रधानमंत्री कौन हैं?

(क) खालिदा जिया (ख) शेख हसीना वाजेद

(ग) फहमिदा मिर्जा (घ) मेघावती सुकरर्णोपुत्री

उत्तर के लिए कृपया पृष्ठ सं. 170-171 देखें।

181. भारतीय मूल की कमला प्रसाद बिसेसर (वर्ष 2010 में) किस देश की महिला प्रधानमंत्री बनी हैं?

(क) गुयाना (ख) फिजी

(ग) मॉरीशस (घ) त्रिनिदाद एवं टोबैगो

182. इनमें से कौन (वर्ष 2010 में) ऑस्ट्रेलिया की पहली महिला प्रधानमंत्री बनी थीं?

(क) जूलिया गिलॉर्ड (ख) सांद्रा टॉरेस

(ग) डिल्मा रॉसेफ (घ) हेले थोर्निंग

183. डिल्मा रॉसेफ (Dilma Rouseff) किस देश की पहली महिला राष्ट्रपति रही हैं?

(क) दक्षिण कोरिया (ख) ब्राजील

(ग) जर्मनी (घ) कोस्टारिका

184. वर्ष 2011 में थाइलैंड की पहली महिला प्रधानमंत्री कौन निर्वाचित हुई हैं?

(क) हेले थोर्निंग (ख) थिंगलुक शिनावात्रा

(ग) लाउरा चिनचिला (घ) सुंग-चिंग-लिंग

185. वर्ष 2011 में हेले थोर्निंग शिमट किस स्कैंडिनेवियन राष्ट्र की पहली महिला प्रधानमंत्री बनी थीं?

(क) स्वीडन (ख) फिनलैंड

(ग) डेनमार्क (घ) नॉर्वे

186. 19 दिसंबर, 2012 को दक्षिण कोरिया की प्रथम महिला राष्ट्रपति कौन बनी थीं?

(क) थिंगलुक शिनावात्रा (ख) पाक जियुन-हाई

(ग) सांद्रा टॉरेस (घ) पाक-चुंग-ही

187. संयुक्त राज्य अमेरिका की प्रतिनिधि सभा की स्पीकर चुनी जानेवाली (वर्ष 2007) पहली महिला कौन थीं?

(क) नैंसी पेलोसी (ख) सुजेन राइस

(ग) क्रिस्टीना लागार्ड (घ) हिलेरी क्लिंटन

उत्तर के लिए कृपया पृष्ठ सं. 171 देखें।

188. अमेरिका में उपराष्ट्रपति पद की पूर्व उम्मीदवार (वर्ष 2008 में) सारा पॉलिन इनमें से किस अमेरिकी प्रांत की गवर्नर रह चुकी हैं?
(क) हवाई (ख) टेक्सास
(ग) अलास्का (घ) न्यू मेक्सिको

189. भारतीय मूल की अमेरिकी महिला निक्की हैली अमेरिका के किसी प्रांत की गवर्नर बननेवाली भारतीय मूल की पहली महिला हैं? वह किस अमेरिकी प्रांत की (वर्ष 2010 में) गवर्नर बनी हैं?
(क) साउथ कैरोलिना (ख) लुइसियाना
(ग) साउथ डकोटा (घ) नॉर्थ कैरोलिना

190. इनमें से कौन पाकिस्तान की पहली महिला विदेश मंत्री रही हैं?
(क) फहमिदा मिर्जा (ख) फातिमा दियाना सईद
(ग) हिना रब्बानी खान (घ) उपर्युक्त में से कोई नहीं

191. विश्व में सर्वप्रथम किस देश में (वर्ष 1893 में) महिलाओं को मताधिकार (Right to vote) प्राप्त हुआ था?
(क) ऑस्ट्रेलिया (ख) स्वीडन
(ग) न्यूजीलैंड (घ) डेनमार्क

192. ऑस्ट्रेलिया में महिलाओं को मताधिकार किस वर्ष प्राप्त हुआ था?
(क) सन् 1893 (ख) सन् 1901
(ग) सन् 1911 (घ) सन् 1913

193. किस स्कैंडिनेवियन देश में वर्ष 1913 में महिलाओं को वोट देने का अधिकार प्राप्त हुआ था?
(क) फिनलैंड (ख) नॉर्वे
(ग) डेनमार्क (घ) स्वीडन

194. किस वर्ष कनाडा में महिलाओं को मताधिकार प्राप्त हुआ?
(क) सन् 1913 (ख) सन् 1916
(ग) सन् 1920 (घ) सन् 1922

195. अमेरिका में महिलाओं को मताधिकार (19वें संविधान संशोधन द्वारा) किस वर्ष प्राप्त हुआ था?
(क) सन् 1918 (ख) सन् 1920
(ग) सन् 1924 (घ) सन् 1928

उत्तर के लिए कृपया पृष्ठ सं. 171 देखें।

196. ब्रिटेन में महिलाओं को मताधिकार वर्ष 1918 में प्राप्त हुआ था; जबकि वयस्क मताधिकार किस वर्ष प्राप्त हुआ था?

(क) सन् 1920 (ख) सन् 1922

(ग) सन् 1926 (घ) सन् 1928

197. किस यूरोपीय देश में महिलाओं को मताधिकार वर्ष 1945 में (द्वितीय विश्व युद्ध के बाद) प्राप्त हुआ था?

(क) इटली (ख) पुर्तगाल

(ग) फ्रांस (घ) ग्रीस (यूनान)

198. स्विट्जरलैंड जैसे विकसित देश में महिलाओं को मताधिकार किस वर्ष प्राप्त हुआ था?

(क) वर्ष 1971 में

(ख) वर्ष 1977 में

(ग) वर्ष 1981 में

(घ) वर्ष 1991 में

199. ब्रिटेन की महारानी एलिजाबेथ-II के संबंध में निम्न में से कौन सा कथन सही है?

(क) महारानी एलिजाबेथ-II ने अपने पिता जॉर्ज-VI के निधन के पश्चात् 6 फरवरी, 1952 को राजगद्दी सँभाली थी।

(ख) वह (महारानी विक्टोरिया के बाद दूसरे) सर्वाधिक समय तक ब्रिटेन की राजगद्दी पर रहनेवाली सम्राज्ञी हैं।

(ग) वह ब्रिटेन की सबसे बुजुर्ग सम्राज्ञी हैं।

(घ) उपर्युक्त सभी

200. ब्रिटेन की महारानी एलिजाबेथ-II के राजगद्दी सँभालने की डायमंड जुबली (Diamand Jublee) कब मनाई गई है?

(क) 6 फरवरी, 2002 (ख) 16 फरवरी, 2010

(ग) 16 फरवरी, 2011 (घ) 6 फरवरी, 2012

201. इनमें से किस देश की महारानी मारग्रेट-II हैं?

(क) नीदरलैंड्स (ख) आयरलैंड

(ग) डेनमार्क (घ) स्वीडन

उत्तर के लिए कृपया पृष्ठ सं. 171 देखें।

202. इनमें से कौन (वर्ष 2005 में) अफ्रीका में राष्ट्रपति के पद पर नियुक्त होनेवाली प्रथम महिला हैं?
(क) तवाकुल करमान (यमन)
(ख) ऐलन जॉनसन सरलीफ (लाइबेरिया)
(ग) बंगाई मथाई (कीनिया)
(घ) लीमाह जीबोई (लाइबेरिया)

203. इनमें से किस देश में महिलाओं का संसद् में प्रतिनिधित्व (वर्ष 2010 तक) सर्वाधिक है?
(क) दक्षिण अफ्रीका (ख) डेनमार्क
(ग) क्यूबा (घ) रवांडा

204. किस वर्ष कुवैत में महिलाओं को मताधिकार प्राप्त हुआ?
(क) सन् 2001 में (ख) सन् 2002 में
(ग) सन् 2003 में (घ) सन् 2005 में

205. सऊदी अरब के नरेश (शाह अब्दुल्ला) ने स्थानीय निकायों के चुनावों में महिलाओं को भी मताधिकार प्रदान करने की घोषणा वर्ष 2011 में की है। महिलाओं को यह मताधिकार निम्न में से किस वर्ष के स्थानीय चुनावों में प्राप्त हो सकेगा?
(क) सन् 2013 में (ख) सन् 2015 में
(ग) सन् 2017 में (घ) सन् 2019 में

206. इनमें से 'अंतरराष्ट्रीय महिला दिवस' प्रतिवर्ष कब मनाया जाता है?
(क) 8 मार्च (ख) 7 अप्रैल
(ग) 1 मई (घ) 10 दिसंबर

207. कौन सा वर्ष 'अंतरराष्ट्रीय महिला वर्ष' के रूप में मनाया गया?
(क) वर्ष 1970 (ख) वर्ष 1975
(ग) वर्ष 1980 (घ) वर्ष 1985

208. इनमें से 'प्रथम विश्व महिला सम्मेलन' वर्ष 1975 में किस देश में आयोजित हुआ था?
(क) डेनमार्क (ख) चीन
(ग) मेक्सिको (घ) कीनिया

उत्तर के लिए कृपया पृष्ठ सं. 171 देखें।

209. द्वितीय विश्व महिला सम्मेलन कहाँ आयोजित हुआ था?
(क) कोपेनहेगन (डेनमार्क) में (ख) मेक्सिको सिटी में
(ग) बीजिंग (चीन) में (घ) नैरोबी (कीनिया) में

210. द्वितीय विश्व महिला सम्मेलन किस वर्ष आयोजित हुआ था?
(क) सन् 1975 (ख) सन् 1980
(ग) सन् 1990 (घ) सन् 1995

211. तृतीय विश्व महिला सम्मेलन नैरोबी (कीनिया में) किस वर्ष आयोजित हुआ था?
(क) सन् 1985 (ख) सन् 1990
(ग) सन् 1995 (घ) सन् 2000

212. चतुर्थ विश्व महिला सम्मेलन (वर्ष 1995 में) कहाँ आयोजित हुआ था?
(क) हांगकांग में (ख) मकाऊ में
(ग) ताइवान में (घ) बीजिंग में

213. महिलाओं के विरुद्ध सभी प्रकार के भेदभाव की समाप्ति की प्रसंविदा (Convention) संयुक्त राष्ट्र महासभा द्वारा कब स्वीकृत की गई थी?
(क) 16 नवंबर, 1975 (ख) 18 दिसंबर, 1979
(ग) 8 मार्च, 1981 (घ) 8 मार्च, 1986

214. संयुक्त राष्ट्र संघ द्वारा 'महिलाओं की स्थिति पर आयोग' (कमीशन ऑन द स्टेटस ऑफ वीमेन) किस वर्ष गठित किया गया था?
(क) सन् 1945 में (ख) सन् 1946 में
(ग) सन् 1949 में (घ) सन् 1951 में

215. संयुक्त राष्ट्र संघ की महासभा ने महिलाओं के राजनीतिक अधिकारों के नियमों को किस वर्ष पारित किया था?
(क) सन् 1948 में (ख) सन् 1952 में
(ग) सन् 1962 में (घ) सन् 1966 में

216. महिलाओं हेतु 'संयुक्त राष्ट्र विकास निधि' का गठन किस वर्ष हुआ था?
(क) सन् 1976 में (ख) सन् 1981 में
(ग) सन् 1986 में (घ) सन् 1988 में

उत्तर के लिए कृपया पृष्ठ सं. 171 देखें।

217. लैंगिक समानता एवं महिलाओं के सशक्तीकरण हेतु एक नया संयुक्त राष्ट्र निकाय 'यू.एन. वूमेन' कब अस्तित्व में आया है?
(क) 1 जनवरी, 2010 (ख) 1 जनवरी, 2011
(ग) 1 जनवरी, 2012 (घ) 24 अक्तूबर, 2012

218. महिलाओं हेतु वर्तमान में कार्यरत संयुक्त राष्ट्र संघ के कितने निकायों का विलय इस नए एकल निकाय 'यू.एन. वूमेन' में किया गया है?
(क) दो (ख) तीन
(ग) चार (घ) छह

219. 'यू.एन. डेवलपमेंट फंड फॉर वूमेन' के अतिरिक्त निम्नलिखित में से किस अन्य निकाय का विलय 'यू.एन. वूमेन' (U.N. Women) में किया गया है?
(क) डिवीजन फॉर द एडवांसमेंट ऑफ वूमेन
(ख) दि ऑफिस ऑफ द स्पेशल एडवाइजर ऑन जेंडर इश्यूज
(ग) यू.एन. इंटरनेशनल रिसर्च एंड ट्रेनिंग इंस्टीट्यूट फॉर दि एडवांसमेंट ऑफ वूमेन
(घ) उपर्युक्त सभी।

220. महिलाओं के सशक्तीकरण हेतु संयुक्त राष्ट्र संघ के नए निकाय 'यू. एन. वूमेन' (UN Women) की पहली प्रमुख किसे बनाया गया है?
(क) डिलिमा राउसेफ (ख) मिशेल बचेलट
(ग) क्रिस्टियाना किर्चनर (घ) हेले थॉर्निंग शिमट

□

उत्तर के लिए कृपया पृष्ठ सं. 171 देखें।

5

महाद्वीप

221. विश्व में क्षेत्रफल एवं जनसंख्या की दृष्टि से सबसे बड़ा महाद्वीप कौन सा है?

(क) दक्षिण अमेरिका (ख) एशिया

(ग) अफ्रीका (घ) यूरोप

222. इनमें से एशिया महाद्वीप में विश्व का सबसे बड़ा प्रायद्वीप कौन सा है?

(क) दकन का प्रायद्वीप (ख) अरब का प्रायद्वीप

(ग) इंडो-चीन का प्रायद्वीप (घ) भारत का प्रायद्वीप

223. एशिया महाद्वीप के संबंध में इनमें से कौन सा कथन गलत है?

(क) एशिया में विश्व की सबसे बड़ी झील कैस्पियन झील है।

(ख) एशिया में विश्व का सबसे ऊँचा पठार पामीर का पठार है। इसे 'विश्व की छत' भी कहते हैं।

(ग) एशिया में विश्व के सर्वाधिक जलयान बनानेवाला देश इंडोनेशिया है।

(घ) विश्व का सबसे गहरा सागरीय गर्त प्रशांत महासागर स्थित 'मेरियाना गर्त' है। यह फिलीपींस द्वीप समूह (एशिया) के पास स्थित है।

224. इनमें से विश्व में लगभग सभी धर्मों (बौद्ध, हिंदू, मुसलिम और यहूदी) का आविर्भाव/जन्म किस महाद्वीप में हुआ है?

(क) यूरोप (ख) दक्षिण अमेरिका

(ग) एशिया (घ) अफ्रीका

उत्तर के लिए कृपया पृष्ठ सं. 171 देखें।

225. 'एशियन' शब्द की उत्पत्ति 'आसु' (Asu) शब्द से हुई है, जिसका अर्थ होता है—

(क) दक्षिण (ख) पूर्व

(ग) उत्तर (घ) पश्चिम

226. एशिया महाद्वीप की सबसे बड़ी नदी कौन सी है?

(क) ह्वांग हो (ख) यांग टी जी

(ग) येनिसी (घ) मीकांग

227. एशिया के किस देश को 'उगते सूर्य का देश' के उपनाम से जाना जाता है?

(क) थाईलैंड (ख) जापान

(ग) चीन (घ) इंडोनेशिया

228. कौन सा देश 'श्वेत हाथियों की भूमि' के नाम से जाना जाता है?

(क) मलेशिया (ख) वियतनाम

(ग) थाइलैंड (घ) सिंगापुर

229. किस देश को 'लैंड ऑफ थंडर बोल्ट' के उपनाम से जाना जाता है?

(क) नेपाल (ख) भूटान

(ग) मलेशिया (घ) श्रीलंका

230. एशिया के प्रमुख देश एवं उनके उपनाम में से कौन सा जोड़ा सही सुमेलित नहीं है?

देश	उपनाम
(क) फिलिस्तीन	(ख) होली लैंड
(ख) म्यांमार	(घ) लैंड ऑफ पैगोडा
(ग) थाइलैंड	(ख) लैंड ऑफ मिलियन एलिफेंट
(घ) हांगकांग	(घ) पर्ल ऑफ दि ओरिएंट

231. किस देश को 'मोतिया का द्वीप' (Island of Pearls) के उपनाम से जाना जाता है?

(क) बहरीन (ख) कंबोडिया

(ग) लाओस (घ) मलेशिया

उत्तर के लिए कृपया पृष्ठ सं. 171 देखें।

232. किस देश को 'लैंड ऑफ द मॉर्निंग कम' (Island of Morning Calm) के उपनाम से जाना जाता है?
(क) चीन (ख) थाइलैंड
(ग) जापान (घ) कोरिया

233. यूरोप के (अधिकांश देश) तीन ओर से समुद्र से घिरे होने के कारण इसे (यूरोप को) कौन सा महाद्वीप कहा जाता है?
(क) पठारी महाद्वीप (ख) श्वेत महाद्वीप
(ग) प्रायद्वीपों का महाद्वीप (घ) प्यासी भूमि का महाद्वीप

234. यूरोप का स्थलखंड एशिया महाद्वीप से जुड़ा होने के कारण दोनों महाद्वीपों को किसकी संज्ञा दी जाती है?
(क) अरेशिया (ख) मलेशिया
(ग) यूरेशिया (घ) अफरेशिया

235. किस देश को एशिया और यूरोप महाद्वीप का जंक्शन कहा जाता है?
(क) मिस्र (ख) स्पेन
(ग) मोरक्को (घ) तुर्की

236. इनमें से कौन सा एकमात्र ऐसा नगर है, जिसका विस्तार एशिया और यूरोप दोनों ही महाद्वीपों में है?
(क) मैड्रिड (ख) रबात
(ग) काहिरा (घ) इस्तांबुल

237. प्रतिवर्ष किस दिन 'यूरोप दिवस' के रूप में मनाया जाता है?
(क) 15 फरवरी (ख) 24 मार्च
(ग) 5 जून (घ) 13 दिसंबर

238. इनमें से एशिया के प्रमुख देशों के बदले हुए नामों (पुराना नाम एवं नया नाम) के जोड़ों में कौन सा जोड़ा सुमेलित नहीं है?

	पुराना नाम	नया नाम
(क)	सीलोन	श्रीलंका
(ख)	मेसोपोटामिया	इराक
(ग)	पर्शिया/फारस	ईरान
(घ)	सिएम	ताइवान

उत्तर के लिए कृपया पृष्ठ सं. 171 देखें।

239. यूरोप के किस देश को 'हजारों झीलों का देश' या 'लैंड ऑफ थाउजेंड लेक्स' के नाम से जाना जाता है?

(क) स्विट्जरलैंड (ख) नॉर्वे

(ग) फिनलैंड (घ) ब्रिटेन

240. इनमें से यूरोप का कौन सा देश 'मध्य रात्रि के सूर्य का देश' कहा जाता है?

(क) ब्रिटेन (ख) नॉर्वे

(ग) स्वीडन (घ) स्पेन

241. 'डूबते सूर्य का देश' किसे कहा जाता है?

(क) इटली (ख) हॉलैंड

(ग) नॉर्वे (घ) ब्रिटेन

242. यूरोप में किसे 'सात पहाड़ियों का शहर' या 'सिटी ऑफ सेवेन हिल्स' माना जाता है?

(क) रोम (ख) लंदन

(ग) बर्लिन (घ) बर्न

243. यूरोप के प्रमुख देशों एवं उनके उपनाम के जोड़ों में से कौन सा जोड़ा गलत है?

देश	उपनाम
(क) हॉलैंड (नीदरलैंड्स)	(ख) पवन-चक्कियों का देश (लैंड ऑफ विंड मिल्स)
(ख) जर्मनी	(घ) यूरोप के बारूद का पीपा (पावर केग ऑफ यूरोप)
(क) स्वीडन	(ख) सॉ मिल ऑफ यूरोप
(ग) बेल्जियम	(घ) यूरोप का अखाड़ा

244. इनमें से किस देश को 'प्ले ग्राउंड ऑफ यूरोप' (यूरोप का खेल का मैदान) के उपनाम से जाना जाता है?

(क) ऑस्ट्रिया (ख) स्विट्जरलैंड

(ग) ब्रिटेन (घ) डेनमार्क

उत्तर के लिए कृपया पृष्ठ सं. 171-172 देखें।

245. यूरोप के किस देश को 'वेनिश ऑफ द नॉर्थ' तथा 'सॉ मील ऑफ यूरोप' के नाम से जाना जाता है?

(क) स्वीडन (ख) नीदरलैंड्स

(ग) स्पेन (घ) ब्रिटेन

246. रोम (इटली) को किस उपनाम से जाना जाता है?

(क) पश्चिम का बेबीलोन

(ख) पोप का शहर

(ग) रक्तवर्ण महिला (The Scarlet Woman)

(घ) उपर्युक्त सभी

247. स्कॉटलैंड को किस उपनाम से जाना जाता है?

(क) लैंड ऑफ लिलीज (ख) लैंड ऑफ मारबल

(ग) लैंड ऑफ परपेचुअल ग्रीनरी (घ) लैंड ऑफ केक्स

248. 'यूरोप का रोगी' (सिकमैन ऑफ यूरोप) के उपनाम से कौन सा देश जाना जाता है?

(क) हंगरी (ख) तुर्की

(ग) जर्मनी (घ) पुर्तगाल

249. इनमें से किसे 'स्वप्निल मीनारोंवाला शहर' (City of Dreaming Spires) माना जाता है?

(क) स्कॉटलैंड (ख) न्यूयॉर्क

(ग) ऑक्सफोर्ड (घ) वाशिंगटन

250. यूरोप महाद्वीप के किस शहर को 'श्वेत शहर' (White city) के नाम से जाना जाता है?

(क) बेलग्रेड (यूगोस्लाविया) (ख) वारसा (पोलैंड)

(ग) बर्लिन (जर्मनी) (घ) मॉस्को (रूस)

251. यूरोप महाद्वीप के संबंध में कौन सा कथन गलत है?

(क) विश्व में मैदानों का सर्वाधिक विस्तार यूरोप महाद्वीप में है

(ख) यूरोप ही ऐसा एकमात्र महाद्वीप है, जिसमें एक भी मरुस्थल नहीं है

(ग) माउंट ब्लॉक, जो विश्व की सबसे बड़ी सुरंग है, यूरोप में स्थित है

(घ) यह विश्व का सबसे छोटा महाद्वीप है

उत्तर के लिए कृपया पृष्ठ सं. 172 देखें।

252. यूरोप की प्रमुख नदियों एवं उनके किनारे स्थित प्रमुख नगरों के जोड़ों/युग्म में कौन सा जोड़ा गलत है?

	नदी	नगर
(क)	टेम्स नदी	लंदन
(ख)	स्प्री नदी	बर्लिन
(ग)	टाइबर नदी	रोम
(घ)	डेन्यूब नदी	वारसा

253. रूस की राजधानी मॉस्को किस नदी के किनारे पर बसा है?
(क) मोस्कवा (ख) लीना
(ग) वोल्गा (घ) यनीसी

254. फ्रांस का पेरिस शहर किस नदी के किनारे पर स्थित है?
(क) राइन नदी (ख) टाइबर नदी
(ग) सीन नदी (घ) विस्तुला नदी

255. जर्मनी का कौन सा शहर राइन नदी के किनारे पर बसा है?
(क) हेंबर्ग (ख) बॉन
(ग) बर्लिन (घ) डांजिंग

256. विएना (ऑस्ट्रिया) शहर किस नदी पर अवस्थित है?
(क) डेन्यूब (ख) क्लाइड
(ग) विस्चुला (घ) असमेल

257. यूरोप महाद्वीप में प्रवाहित होनेवाली सर्वाधिक लंबी नदी कौन सी है?
(क) राइन नदी (ख) लीना नदी
(ग) मोस्कवा नदी (घ) स्प्री नदी

258. यूरोप महाद्वीप के सबसे ऊँचे पर्वत-शिखर का नाम क्या है?
(क) एंडीज (ख) एवरेस्ट
(ग) माउंट एलबुर्ज (घ) एटलस

259. इनमें से कौन सा देश फ्रांस, जर्मनी और बेल्जियम की सीमाओं के बीच अवस्थित है?
(क) चेक गणराज्य (ख) स्पेन
(ग) लक्जमबर्ग (घ) ऑस्ट्रिया

उत्तर के लिए कृपया पृष्ठ सं. 172 देखें।

260. कौन सा महाद्वीप 'काला महाद्वीप' के उपनाम से जाना जाता है?
(क) एशिया (ख) अफ्रीका
(ग) दक्षिण अमेरिका (घ) ऑस्ट्रेलिया

261. प्रतिवर्ष कौन सा दिन 'अफ्रीकी दिवस' (African day) के रूप में मनाया जाता है?
(क) 25 मार्च (ख) 25 मई
(ग) 5 जुलाई (घ) 5 सितंबर

262. कौन सा महाद्वीप 'मानव जाति का जन्म स्थल' कहलाता है?
(क) अफ्रीका (ख) एशिया
(ग) दक्षिण अमेरिका (घ) यूरोप

263. किस प्रायद्वीप को 'अफ्रीका का सींग' कहा जाता है?
(क) कैमरून प्रायद्वीप
(ख) मेडागास्कर प्रायद्वीप
(ग) सुमालीलैंड प्रायद्वीप
(घ) उपर्युक्त में से कोई नहीं

264. विश्व का सबसे विशाल रेगिस्तान 'सहारा' किस महाद्वीप में स्थित है?
(क) एशिया (ख) अफ्रीका
(ग) ऑस्ट्रेलिया (घ) दक्षिण अमेरिका

265. अफ्रीका में किंबरले खान, जो विश्व की सबसे बड़ी हीरे की खान है, किस देश में स्थित है?
(क) दक्षिण अफ्रीका (ख) कांगो
(ग) नाईजर (घ) नाइजीरिया

266. विश्व का सर्वाधिक जनसंख्या वृद्धिवाला महाद्वीप कौन सा है?
(क) अफ्रीका (ख) एशिया
(ग) ऑस्ट्रेलिया (घ) दक्षिण अमेरिका

267. विश्व के सभी सात महाद्वीपों में से किस महाद्वीप में उष्णकटिबंधीय परिस्थितियों का सर्वाधिक विस्तार है?
(क) एशिया (ख) दक्षिण अमेरिका
(ग) अफ्रीका (घ) ऑस्ट्रेलिया

उत्तर के लिए कृपया पृष्ठ सं. 172 देखें।

268. विश्व के किस महाद्वीप में स्थलरुद्ध देशों (Land locked contries) की संख्या सर्वाधिक है?

(क) एशिया (ख) दक्षिण अमेरिका
(ग) यूरोप (घ) अफ्रीका

269. इनमें से कौन सा ऐसा एकमात्र महाद्वीप है, जिसमें से कर्क रेखा तथा मकर-रेखा दोनों ही गुजरती हैं?

(क) एशिया (ख) दक्षिण अमेरिका
(ग) यूरोप (घ) अफ्रीका

270. अफ्रीका के किन देशों से कर्क रेखा होकर गुजरती है?

(क) मिस्त्र (ख) लीबिया
(ग) माली (घ) उपर्युक्त सभी

271. अफ्रीका के किस देश से कर्क रेखा होकर नहीं गुजरती है?

(क) नाइजर (ख) अल्जीरिया
(ग) मौरिटेनिया (घ) नाइजीरिया

272. किस अफ्रीकी देश से मकर रेखा होकर नहीं गुजरती है?

(क) दक्षिण अफ्रीका (ख) तंजानिया
(ग) नामीबिया (घ) मोजांबिक

273. अफ्रीका महाद्वीप की कौन सी नदी विश्व की सबसे लंबी नदी है?

(क) नाइजर नदी
(ख) नील नदी
(ग) कांगो नदी
(घ) उपर्युक्त में से कोई नहीं

274. कौन सी अफ्रीका की नदी मकर रेखा को दो बार काटती है?

(क) नील नदी (ख) लिंपोंपी नदी
(ग) नाइजर नदी (घ) जांबेजी नदी

275. अफ्रीका महाद्वीप को कौन सा महाद्वीप कहा जाता है?

(क) पठारी महाद्वीप (ख) प्यासी भूमि का महाद्वीप
(ग) प्रायद्वीपों का महाद्वीप (घ) उपर्युक्त सभी

उत्तर के लिए कृपया पृष्ठ सं. 172 देखें।

276. विश्व के प्रमुख देशों के बदले हुए नामों के जोड़ों में से कौन सा जोड़ा सुमेलित नहीं है?

	पुराना नाम	नया नाम
(क)	डच गुयाना	सूरीनाम
(ख)	गोल्ड कोस्ट	घाना
(ग)	फ्रेंच पश्चिमी अफ्रीका	इथियोपिया
(घ)	दक्षिणी रोडेशिया	जिंबाब्वे

277. अफ्रीका के किस देश में सर्वाधिक जनसंख्या निवास करती है?
(क) दक्षिण अफ्रीका (ख) इथियोपिया
(ग) नाइजीरिया (घ) अल्जीरिया

278. अफ्रीका महाद्वीप की एकमात्र अल्पाइन पर्वत-श्रेणी का नाम क्या है?
(क) एडीज (ख) एटलस
(ग) किलीमंजारो (घ) ग्रेट डिवाइडिंग

279. एशिया महाद्वीप के किन दो देशों से कर्क रेखा होकर नहीं गुजरती है?
(क) कंबोडिया और वियतनाम
(ख) सऊदी अरब और संयुक्त अरब अमीरात
(ग) भारत और चीन
(घ) बँगलादेश और म्याँमार

280. संयुक्त राज्य अमेरिका के किस शहर को 'एंपायर सिटी' तथा सिटी ऑफ स्काई स्क्रैपर्स के नाम से जाना जाता है?
(क) वाशिंगटन डी.सी. (ख) न्यूयॉर्क
(ग) सैन फ्रांसिस्को (घ) शिकागो

281. अमेरिका का वाशिंगटन डी.सी. शहर किस उपनाम से जाना जाता है?
(क) हवा वाला शहर (ख) ग्रेनाइट सिटी
(ग) शानदार दरियों का शहर (घ) स्वप्निल मीनारोंवाला शहर

282. किस शहर को 'स्वर्णिम द्वार का शहर' के उपनाम से जाना जाता है?
(क) ओटावा (ख) फिलाडेल्फिया
(ग) टोरंटो (घ) सैन फ्रांसिस्को

उत्तर के लिए कृपया पृष्ठ सं. 172 देखें।

283. अमेरिकी महाद्वीप के किस देश से कर्क रेखा होकर गुजरती है?
(क) अमेरिका (ख) कनाडा
(ग) मेक्सिको (घ) उपर्युक्त में से कोई नहीं

284. संयुक्त राज्य अमेरिका का न्यूयॉर्क शहर किस नदी के किनारे पर स्थित है?
(क) हडसन नदी (ख) युकन नदी
(ग) सेंट लॉरेंस नदी (घ) मिसीसिपी नदी

285. अमेरिका का वाशिंगटन शहर किस नदी के किनारे पर स्थित है?
(क) डिलावेयर (ख) पोटामन
(ग) हडसन (घ) मिसीसिपी

286. किस देश में ब्लैक हिल, ब्यू हिल तथा ग्रीन हिल नामक पहाड़ियाँ स्थित हैं?
(क) अमेरिका (ख) न्यूयॉर्क
(ग) अर्जेंटीना (घ) ऑस्ट्रेलिया

287. दक्षिण अमेरिकी महाद्वीप के कौन से दो स्थलरुद्ध देश (Land locked) हैं?
(क) चिली और उरुग्वे (ख) ब्राजील और उरुग्वे
(ग) बोलीविया और पैराग्वे (घ) बोलीविया और चिली

288. दक्षिण अमेरिका महाद्वीप के किस देश को पहले (पुराना नाम) 'न्यू ग्रेनेडा' के नाम से जाना जाता था?
(क) वेनेजुएला (ख) ब्राजील
(ग) उरुग्वे (घ) कंबोडिया

289. दक्षिण अमेरिका का कौन सा एकमात्र ऐसा देश है, जिसकी राजभाषा अंग्रेजी है?
(क) गुयाना (ख) सूरीनाम
(ग) वेनेजुएला (घ) चिली

290. दक्षिण अमेरिका महाद्वीप के किस देश से भूमध्यरेखा (Equator) होकर गुजरती है?
(क) कोलंबिया (ख) ब्राजील
(ग) इक्वाडोर (प) उपर्युक्त सभी

उत्तर के लिए कृपया पृष्ठ सं. 172 देखें।

291. दक्षिण अमेरिका महाद्वीप के किस देश से मकर रेखा होकर गुजरती है?
(क) चिली (ख) अर्जेंटीना
(ग) पैराग्वे (घ) उपर्युक्त सभी

292. दक्षिण अमेरिका महाद्वीप के किस देश से भूमध्य रेखा और मकर रेखा दोनों गुजरती हैं?
(क) सूरीनाम (ख) बोलीविया
(ग) पेरू (घ) ब्राजील

293. एंडीज पर्वत-श्रेणी किस महाद्वीप में स्थित है?
(क) एशिया (ख) अफ्रीका
(ग) दक्षिण अमेरिका (घ) यूरोप

294. दक्षिण अमेरिका के किस देश को 'उपलाम का देश' के उपनाम से जाना जाता है?
(क) ब्राजील (ख) वेनेजुएला
(ग) अर्जेंटीना (घ) बोलीविया

295. दक्षिण अमेरिका महाद्वीप के संबंध में इनमें से कौन सा कथन गलत है?
(क) दक्षिण अमेरिका में रेल मार्गों की सर्वाधिक लंबाई अर्जेंटीना में है।
(ख) दक्षिण अमेरिका महाद्वीप में क्षेत्रफल की दृष्टि से सबसे बड़ा देश ब्राजील है।
(ग) विश्व में सर्वाधिक ऊँचाई पर बना सर्वाधिक रेल मार्ग पेरू में है।
(घ) दक्षिण अमेरिका में चिली-अर्जेंटीना सीमा पर विश्व का सबसे ऊँचा ज्वालामुखी ओजोस दल सोलाडो स्थित है।

296. दक्षिण अमेरिका महाद्वीप में स्थित विश्व का सबसे दक्षिणतम नगर कौन सा है?
(क) पुंतास ऐटीनाज (ख) सेंटियागो
(ग) ब्यूनस आयर्स (घ) मोंटिवीडियो

297. दक्षिण अमेरिका में अपरदन क्षेत्र की दृष्टि से विश्व की सबसे बड़ी नदी कौन सी है?
(क) अमेजन (ख) पराना
(ग) मडीरा (घ) साओ फ्रांसिस्को

उत्तर के लिए कृपया पृष्ठ सं. 172 देखें।

298. किस महाद्वीप को 'प्यासी भूमि का महाद्वीप' के उपनाम से जाना जाता है?

(क) यूरोप महाद्वीप (ख) ऑस्ट्रेलिया महाद्वीप

(ग) अफ्रीका महाद्वीप (घ) उत्तरी अमेरिका महाद्वीप

299. ऑस्ट्रेलिया को किस उपनाम से जाना जाता है?

(क) लैंड ऑफ कंगारू (ख) लैंड ऑफ गोल्डन फ्लीस

(ग) डाउन अंडर (घ) उपर्युक्त सभी

300. 'दक्षिण का ब्रिटेन' (ब्रिटेन ऑफ द साउथ) किसे कहते हैं?

(क) इंडोनेशिया (ख) न्यूजीलैंड

(ग) जापान (घ) फिजी

301. ऑस्ट्रेलिया महाद्वीप से कौन सी रेखा होकर गुजरती है?

(क) कर्क रेखा (ख) भूमध्य रेखा

(ग) मकर रेखा (घ) उपर्युक्त में से कोई नहीं

302. ऑस्ट्रेलिया, न्यूजीलैंड एवं आस-पास के द्वीपों को सम्मिलित रूप से क्या कहते हैं?

(क) माओरी (ख) ओसीनिया

(ग) यूरेशियन (घ) मंचूनिया

303. इनमें से किस महाद्वीप में जन्म दर एवं मृत्यु दर (एशिया और अफ्रीकी महाद्वीप को छोड़कर) सबसे कम है?

(क) उत्तर अमेरिका (ख) ऑस्ट्रेलिया

(ग) दक्षिण अमेरिका (घ) उपर्युक्त में से कोई नहीं

304. विश्व का सबसे छोटा महाद्वीप (क्षेत्रफल की दृष्टि से) कौन सा है?

(क) यूरोप (ख) दक्षिण अमेरिका

(ग) ऑस्ट्रेलिया (घ) उपर्युक्त में से कोई नहीं

305. किस महाद्वीप की 97 प्रतिशत जनसंख्या मात्र 3 प्रतिशत भूभाग पर निवास करती है?

(क) ऑस्ट्रेलिया (ख) उत्तर अमेरिका

(ग) यूरोप (घ) दक्षिण अमेरिका

उत्तर के लिए कृपया पृष्ठ सं. 172 देखें।

306. ऑस्ट्रेलिया महाद्वीप के संबंध में इनमें कौन सा कथन गलत है?

(क) ऑस्ट्रेलिया महाद्वीप में सबसे कम देश स्थित हैं।

(ख) इस महाद्वीप में एक भी ज्वालामुखी नहीं है।

(ग) इस महाद्वीप में मानव की तुलना में भेड़ों की संख्या अधिक है।

(घ) इस महाद्वीप की खोज कोलंबस ने की थी।

307. विश्व की सबसे बड़ी प्रख्यात प्रवाल भित्ति (Coral reaf) मूँग की चट्टानें जिन्हें 'ग्रेट बेरियर रीफ' कहते हैं, किस देश के तट के निकट पाई जाती हैं?

(क) फिलीपींस (ख) ऑस्ट्रेलिया

(ग) इंडोनेशिया (घ) क्यूबा

□

उत्तर के लिए कृपया पृष्ठ सं. 173 देखें।

6

अंटार्कटिक

308. अंटार्कटिक का सही अर्थ क्या है?

(क) आर्कटिक का सीधा (ख) आर्कटिक का उलटा

(ग) अटलांटिक का सीधा (घ) उपर्युक्त में से कोई नहीं

309. किस नाविक ने विश्व-भ्रमण के दौरान (वर्ष 1773-75 में) अंटार्कटिक की खोज की थी?

(क) कैप्टन जेम्स कुक (ख) रॉल्ड एमंडसन

(ग) ए.जे. बुल (घ) गोटलिब वॉन

310. अंटार्कटिक महाद्वीप को कौन सा महाद्वीप भी कहा जाता है?

(क) पठारी महाद्वीप

(ख) विज्ञान के लिए समर्पित महाद्वीप

(ग) प्यासी भूमि का महाद्वीप

(घ) प्रायद्वीपों का महाद्वीप

311. अंटार्कटिक महाद्वीप को किस उपनाम से जाना जाता है?

(क) सफेद/ श्वेत महाद्वीप (ख) गतिशील महाद्वीप

(ग) सफेद रेगिस्तान (घ) उपर्युक्त सभी

312. इनमें से अंटार्कटिक महाद्वीप का लगभग कितना प्रतिशत भाग हमेशा बर्फ से ढंका रहता है?

(क) 70 प्रतिशत (ख) 88 प्रतिशत

(ग) 94 प्रतिशत (घ) 98 प्रतिशत

उत्तर के लिए कृपया पृष्ठ सं. 173 देखें।

313. क्षेत्रफल की दृष्टि से अंटार्कटिक विश्व का कौन सा महाद्वीप है?
(क) चौथा (ख) पाँचवाँ
(ग) छठा (घ) सातवाँ

314. अंटार्कटिक महाद्वीप विश्व के लगभग कितने प्रतिशत भाग पर फैला हुआ है?
(क) 8 प्रतिशत (ख) 10 प्रतिशत
(ग) 15 प्रतिशत (घ) 18 प्रतिशत

315. अंटार्कटिक महाद्वीप का प्रयोग केवल शांतिमय उद्देश्यों के लिए किए जाने हेतु 'अंटार्कटिक' संधि (Antartic treaty), जिसे 'वाशिंगटन संधि' भी कहा जाता है, कब और कितने देशों के बीच हुई थी?
(क) 1957 में 7 देशों के बीच
(ख) 1959 में 12 देशों के बीच
(ग) 1963 में 16 देशों के बीच
(घ) 1969 में 27 देशों के बीच

316. अंटार्कटिक संधि कब से लागू हुई थी?
(क) 23 जून, 1961 (ख) 21 जुलाई, 1963
(ग) 1 दिसंबर, 1967 (घ) 21 दिसंबर, 1969

317. भारत ने किस वर्ष अंटार्कटिक संधि पर हस्ताक्षर किए थे?
(क) सन् 1980 (ख) सन् 1983
(ग) सन् 1987 (घ) सन् 1991

318. किस महाद्वीप में सरीसृप नहीं पाए जाते हैं?
(क) ऑस्ट्रेलिया (ख) यूरोप
(ग) दक्षिण अमेरिका (घ) अंटार्कटिक

319. विश्व के 70 प्रतिशत स्वच्छ जल को अंटार्कटिक के किन दो स्थानों ने समेट रखा है?
(क) आइस कैप एवं आइस सीट
(ख) पीटर आई.वाई. एवं एस्पेरेंजो
(ग) लॉसमैन हिल तथा प्रिट्स बे
(घ) उपर्युक्त में से कोई नहीं

उत्तर के लिए कृपया पृष्ठ सं. 173 देखें।

320. अंटार्कटिक का एकमात्र बर्फ-मुक्त क्षेत्र कौन सा है?
(क) आइस सीट (ख) पाल्मर
(ग) सिप्ले (घ) सेनल

321. अंटार्कटिका का एकमात्र सक्रिय ज्वालामुखी कौन सा है?
(क) एर्ब्रस (ख) अकौंकागुआ
(ग) लेस्कर (घ) स्लामट

322. अंटार्कटिक महाद्वीप के संबंध में इनमें से कौन सा कथन सही है?
(क) अंटार्कटिक महाद्वीप में विश्व का 90 प्रतिशत मीठा/ताजा जल विद्यमान है
(ख) यहाँ लगभग छह महीने दिन और छह महीने रात रहती है
(ग) इस महाद्वीप में सोने, चाँदी, यूरेनियम, हीरे आदि के विशाल भंडार विद्यमान हैं
(घ) उपर्युक्त सभी

323. अंटार्कटिक का सर्वोच्च पर्वत शिखर कौन सा है, जिसकी ऊँचाई 5,140 मीटर है?
(क) इंदिरा माउंट (ख) मैसिफ पर्वत
(ग) रॉकी पर्वत (घ) एंडीज पर्वत

324. अंटार्कटिक महाद्वीप के संबंध में कौन सा कथन गलत है?
(क) अंटार्कटिक महाद्वीप का सबसे बड़ा स्तनधारी जीव ह्वेल है।
(ख) अंटार्कटिक की मुख्य मछली 'क्रिल' है, जो प्रोटीन की दृष्टि से बहुत अच्छी है।
(ग) यहाँ किंग पेंग्विन नामक पक्षी भी पाए जाते हैं।
(घ) अंटार्कटिक का विस्तार उत्तरी ध्रुव के आसपास है।

325. किस देश के अंटार्कटिक पर सर्वाधिक अनुसंधान केंद्र (स्टेशन) हैं?
(क) अमेरिका (ख) अर्जेंटीना
(ग) ब्रिटेन (घ) चिली

326. इनमें से कौन सा अमेरिका का अंटार्कटिक पर स्थापित शोध केंद्र स्टेशन नहीं है?
(क) पाल्मर (ख) एमंडसन स्कॉट
(ग) सिप्ले (घ) अल्मेर ब्राउन

उत्तर के लिए कृपया पृष्ठ सं. 173 देखें।

327. इनमें से कौन सा ब्रिटेन का अंटार्कटिक पर स्थित अनुसंधान केंद्र है?

(क) हैली (ख) रोथेरा

(ग) फैराडे (घ) उपर्युक्त सभी

328. विश्व के विभिन्न देशों एवं अंटार्कटिक पर स्थापित उनके अनुसंधान केंद्रों (स्टेशनों) के जोड़ों में कौन सा जोड़ा गलत है?

देश का नाम	**अनुसंधान केंद्र/ स्टेशन अंटार्कटिक पर स्थापित शोध केंद्र का नाम**
(क) नॉर्वे	पीटर आई.वाई.
(ख) फ्रांस	ड्यूमॉण्ट–डी–डर्विले
(ग) रूस	स्कॉट
(घ) पोलैंड	आर्कटोवास्को

329. किस देश का अंटार्कटिक पर स्थित शोध केंद्र 'सेनल' नाम से है?

(क) द. अफ्रीका (ख) चिली

(ग) अर्जेंटीना (घ) रूस

330. अंटार्कटिक पर स्थापित कौन सा शोध केंद्र अर्जेंटीना का नहीं है?

(क) वको मेरांबियो (ख) अर्तुरा प्रैट

(ग) एल.एस. मार्टिन (घ) टी. मैरिएंजो

331. अंटार्कटिक में भारत ने कुल कितने स्टेशन (शोध केंद्र) स्थापित किए हैं?

(क) दो (ख) तीन

(ग) चार (घ) पाँच

332. अंटार्कटिक में भारत का पहला अनुसंधान केंद्र स्टेशन कौन सा था?

(क) मैत्री (ख) दक्षिण गंगोत्री

(ग) भारती (घ) इंडिया

333. किस वर्ष भारत ने अंटार्कटिक में अपना दूसरा शोध केंद्र स्थापित किया था?

(क) वर्ष 1983 में (ख) वर्ष 1993 में

(ग) वर्ष 1997 में (घ) वर्ष 2001 में

उत्तर के लिए कृपया पृष्ठ सं. 173 देखें।

334. हाल ही में भारत ने अंटार्कटिक में तीसरा अनुसंधान केंद्र किस नाम से स्थापित किया है?

(क) हिमाद्री (ख) मैत्री

(ग) भारती (घ) इंदिरा

335. भारत द्वारा अंटार्कटिक पर स्थापित तीसरा अनुसंधान केंद्र किस विषय पर शोध कार्य करेगा?

(क) जलवायु परिवर्तन पर (ख) भूकंपी गतिविधियों पर

(ग) औषधि पर (घ) उपर्युक्त सभी पर

336. अंटार्कटिक पहुँचनेवाले प्रथम भारतीय कौन थे ?

(क) डॉ. परमजीत सिंह (ख) डॉ. अमिताभ सेन

(ग) डॉ. जी.एस. सिरोही (घ) डॉ. एस.जेड. कासिम

337. इनमें से कब भारत ने प्रथम अंटार्कटिक अभियान दल भेजा था?

(क) 6 दिसंबर, 1980 (ख) 6 दिसंबर, 1981

(ग) 6 दिसंबर, 1982 (घ) 9 जनवरी, 1983

338. भारत अंटार्कटिक पर अब तक (वर्ष 2012 तक) कितने अभियान दल भेज चुका है?

(क) 18 अभियान दल (ख) 20 अभियान दल

(ग) 25 अभियान दल (घ) 30 अभियान दल

339. भारत में अंटार्कटिक अध्ययन केंद्र 'नेशनल सेंटर फॉर अंटार्कटिक एंड ओशन रिसर्च, (Ncaor) कहाँ स्थित है?

(क) मुंबई (ख) दमन एवं दीव

(ग) गोवा (घ) पुदुचेरी

340. अंटार्कटिक में स्थित 'इंदिरा माउंट' क्या है?

(क) भारतीय वैज्ञानिकों द्वारा अंटार्कटिक में खोजा गया एक पर्वत

(ख) अंटार्कटिक में खोजी गई एक झील

(ग) अंटार्कटिक में स्थापित भारतीय अनुसंधान केंद्र

(घ) अंटार्कटिक में पर्यावरण की जानकारी हेतु किया गया एक परीक्षण

341. अंटार्कटिक पर जानेवाले प्रथम भारतीय मंत्री कौन थे?

(क) अटल बिहारी वाजपेयी (ख) मुरली मनोहर जोशी

(ग) कपिल सिब्बल (घ) आई.के. गुजराल

उत्तर के लिए कृपया पृष्ठ सं. 173 देखें।

342. अंटार्कटिक के बाद अब आर्कटिक (Arctic) क्षेत्र में भी भारत ने अपना पहला अनुसंधान केंद्र (2008 में) स्थापित किया है। इसे क्या नाम दिया गया है?

(क) भारती (ख) सिरोही
(ग) हिमाद्री (घ) आर्यन

343. भारत विश्व का ऐसा कौन सा देश है, जिसने आर्कटिक में अपना शोध केंद्र स्थापित किया है?

(क) दसवाँ (ख) ग्यारहवाँ
(ग) बारहवाँ (घ) पंद्रहवाँ

344. आर्कटिक में विश्व के किन देशों के अनुसंधान केंद्र हैं?

(क) ब्रिटेन एवं जर्मनी (ख) इटली एवं फ्रांस
(ग) नीदरलैंड्स एवं स्वीडन (घ) उपर्युक्त सभी

345. एशिया के किस देश का आर्कटिक क्षेत्र में अनुसंधान केंद्र नहीं है?

(क) चीन (ख) थाइलैंड
(ग) जापान (घ) दक्षिण कोरिया

346. आर्कटिक क्षेत्र के सबसे बड़े भाग पर किस देश का अधिकार है?

(क) रूस (ख) कनाडा
(ग) डेनमार्क (घ) अमेरिका

347. किन दो देशों ने सितंबर 2010 में आर्कटिक क्षेत्र में बैरेंट्स सागर (Barents sea) में संसाधन-संपन्न क्षेत्र में सीमा विवाद को विराम देते हुए एक ऐतिहासिक समझौते पर हस्ताक्षर किए हैं?

(क) स्वीडन एवं ब्रिटेन (ख) इटली एवं जर्मनी
(ग) रूस एवं नॉर्वे (घ) चीन एवं जापान

□

उत्तर के लिए कृपया पृष्ठ सं. 173 देखें।

7

अंतरिक्ष

348. पूर्व सोवियत संघ ने धरती की कक्षा में पहला उपग्रह यान स्पुतनिक–1 (Sputnik-1) कब छोड़ा था?
(क) 4 अक्तूबर, 1957 (ख) 4 अक्तूबर, 1959
(ग) 12 अप्रैल, 1960 (घ) 12 अप्रैल, 1961

349. अंतरिक्ष में सर्वप्रथम जानेवाला (1961 में) प्रथम व्यक्ति कौन था?
(क) नील आर्मस्ट्रांग (अमेरिकी)
(ख) यूरी गागरिन (पूर्व सोवियत संघ)
(ग) सैली राइड
(घ) बिल शेफर्ड (अमेरिका)

350. जुलाई 1969 में चंद्रमा पर कदम रखनेवाला प्रथम व्यक्ति कौन था?
(क) यूरी गागरिन (ख) राकेश शर्मा
(ग) नील आर्मस्ट्रांग (घ) गोर्डन कूपर

351. अमेरिका एवं सोवियत संघ के मानव सहित अंतरिक्ष यानों का अंतरिक्ष में प्रथम सम्मिलन कब हुआ था?
(क) 21 जुलाई, 1969 (ख) 17 जुलाई, 1975
(ग) 21 जुलाई, 1977 (घ) 17 जुलाई, 1988

352. अंतरिक्ष में प्रथम प्रवासी कौन थे?
(क) गोर्डन कूपर एवं यूरी रोमानेंको
(ख) बिल शेफर्ड एवं यूरी गिडजेंको
(ग) एलिन कॉलिंस एवं डेनिस टीटो
(घ) सैली राइड एवं मूसा मानदोव

उत्तर के लिए कृपया पृष्ठ सं. 173 देखें।

353. इनमें से कौन अंतरिक्ष में सर्वाधिक दिनों (लगभग 6 महीने से अधिक) तक प्रवास करनेवाली प्रथम महिला अंतरिक्ष यात्री हैं?
(क) कल्पना चावला (ख) सैली राइड
(ग) एलिन कॉलिंस (घ) सुनीता विलियम्स

354. अंतरिक्ष में जानेवाली प्रथम महिला कौन थीं?
(क) वेलेंटीना तेरेश्कोवा (ख) कल्पना चावला
(ग) सैली राइड (घ) अनुरोह अंसारी

355. अमेरिकी अंतरिक्ष शटल 'कोलंबिया' की दुर्घटना कब हुई थी, जिसमें भारतीय मूल की कल्पना चावला सहित सात अंतरिक्ष यात्रियों की भी मृत्यु हो गई थी?
(क) 1 फरवरी, 2001 (ख) 1 जुलाई, 2002
(ग) 1 फरवरी, 2003 (घ) 1 जुलाई, 2004

356. अंतरिक्ष में मानवयुक्त उड़ान भरनेवाला (15 अक्तूबर, 2003) एशिया का पहला देश कौन सा है?
(क) जापान (ख) चीन
(ग) भारत (घ) पाकिस्तान

357. अमेरिकी अंतरिक्ष एजेंसी 'नासा' (NASA) का पूरा विस्तार क्या है?
(क) नेशनल अमेरिकन स्पेस एडमिनिस्ट्रेशन
(ख) नेशनल एयरोनॉटिक्स ऐंड स्पेस एडमिनिस्ट्रेशन
(ग) नॉर्थ अमेरिका स्पेस एजेंसी
(घ) नॉर्थ अटलांटिक स्पेस एजेंसी

358. इनमें से कौन सा संयुक्त राज्य अमेरिका का उपग्रह प्रक्षेपण स्थल है?
(क) झाइचांग अंतरिक्ष प्रक्षेपण केंद्र
(ख) केप केनवेरल कैनेडी अंतरिक्ष केंद्र
(ग) एसरेंस अंतरिक्ष केंद्र
(घ) गियानाम अंतरिक्ष प्रक्षेपण केंद्र

359. इनमें से कौन सा रूस का उपग्रह प्रक्षेपण केंद्र स्थल है?
(क) तानेगारिमा अंतरिक्ष प्रक्षेपण केंद्र
(ख) कागोशिमा अंतरिक्ष केंद्र
(ग) भिनक्वान अंतरिक्ष केंद्र
(घ) बैकानूर अंतरिक्ष केंद्र

उत्तर के लिए कृपया पृष्ठ सं. 173 देखें।

360. मानव की पहली अंतरिक्ष उड़ान के 50 वर्ष कब पूरे हुए?
(क) वर्ष 2007 में (ख) वर्ष 2009 में
(ग) वर्ष 2011 में (घ) वर्ष 2012 में

361. अंतरिक्ष में जानेवाले प्रथम भारतीय कौन थे?
(क) कल्पना चावला (ख) राकेश शर्मा
(ग) सुनीता विलियम्स (घ) उपर्युक्त सभी

362. भारतीय अंतरिक्ष अनुसंधान संगठन (ISRO) की स्थापना किस वर्ष हुई थी?
(क) वर्ष 1962 में (ख) वर्ष 1967 में
(ग) वर्ष 1969 में (घ) वर्ष 1972 में

363. भारत का संचार उपग्रह इनसैट-4 बी (Insat 4B) (वर्ष 2007 में) किस देश से छोड़ा गया?
(क) मॉरीशस (ख) फ्रेंच गुयाना
(ग) चीन (घ) इंडोनेशिया

364. चंद्रमा के लिए भारत ने कब प्रथम मिशन 'चंद्रयान-1' का सफल प्रक्षेपण श्रीहरिकोटा (आंध्र प्रदेश) स्थित सतीश धवन अंतरिक्ष केंद्र से पी.एस.एल.वी.-सी-11 (PSLVC-11) के जरिए किया था?
(क) 22 अक्तूबर, 2006 को (ख) 22 अक्तूबर, 2007 को
(ग) 22 अक्तूबर, 2008 को (घ) 22 अक्तूबर, 2009 को

365. भारतीय अंतरिक्ष अनुसंधान संगठन (ISRO) को अपने ऐतिहासिक 100वें अंतरिक्ष मिशन में सफलता कब मिली?
(क) 9 जुलाई, 2011 को (ख) 9 सितंबर, 2011 को
(ग) 9 जुलाई, 2012 को (घ) 9 सितंबर, 2012 को

366. इनमें से किसे (वर्ष 2001 में) अंतरिक्ष में जानेवाला प्रथम पर्यटक होने का श्रेय प्राप्त है?
(क) गोर्डन कूपर (ख) एडविन ई. एल्ड्रिन
(ग) डेनिस टीटो (घ) मूसा मानारोव

367. विश्व की पहली महिला अंतरिक्ष पर्यटक (Space tourist) कौन थीं?
(क) डेनिस टीटो (ख) सुनीता विलियम्स
(ग) अनुशेह अंसारी (घ) कल्पना चावला

उत्तर के लिए कृपया पृष्ठ सं. 173-174 देखें।

368. किस वर्ष अंतरराष्ट्रीय खगोलीय संघ (International Astronomical Union) ने प्लूटो (Pluto) का ग्रह का दर्जा समाप्त कर दिया है?

(क) वर्ष 2004 में (ख) वर्ष 2005 में

(ग) वर्ष 2006 में (घ) वर्ष 2008 में

369. गैलीलियो परियोजना क्या है?

(क) जापान द्वारा विकसित की जा रही एक पर्यावरण संरक्षण परियोजना

(ख) यूरोपीय संघ द्वारा विकसित एक बहु-उपग्रह (Satellite) संचालन परियोजना

(ग) ऑस्ट्रेलिया के सहयोग से भारत द्वारा विकसित एक परियोजना

(घ) सं.रा. अमेरिका द्वारा विकसित मिसाइल परीक्षण (Missile testing) का एक अंतरदेशीय कार्यक्रम

□

उत्तर के लिए कृपया पृष्ठ सं. 174 देखें।

8

आविष्कार

370. इनमें से किसने रेडियम का आविष्कार किया था?

(क) गैलीलियो (ख) एल्फ्रेड नोबेल

(ग) मैडम क्यूरी (घ) ग्राहम बेल

371. डायनामाइट के आविष्कारक कौन थे?

(क) अल्फ्रेड नोबेल (ख) जी. मारकोनी

(ग) डब्ल्यू.सी. रोटजन (घ) न्यूटन

372. इनमें से कौन सा जोड़ा सुमेलित नहीं है?

	आविष्कारक	आविष्कार
(क)	हेनरी फोर्ड	मोटर कार
(ख)	लुई सिवेस्टिन लियोमींड	पैराशूट
(ग)	गुटनबर्ग	छापने की कला
(घ)	डब्ल्यू. शोकले	बाइसिकिल

373. किसने गुरुत्वाकर्षण गति के नियम (Gravity) की खोज की थी?

(क) गैलीलियो (ख) न्यूटन

(ग) मैकमिलन (घ) हट्र्ज

374. भाप के इंजन का आविष्कार किस वैज्ञानिक ने किया था?

(क) जेम्स वाट (ख) कोल्ट

(ग) अल्बर्ट आइंस्टीन (घ) जे.एल. बेयर्ड

375. 'ब्लैक होल्स' के बारे में सर्वप्रथम किसने जानकारी दी थी?

(क) चार्ल्स डार्विन (ख) आइंस्टीन

(ग) डाल्टन (घ) गुडईयर

उत्तर के लिए कृपया पृष्ठ सं. 174 देखें।

376. किस आविष्कारक/वैज्ञानिक ने विद्युत् तरंगों की खोज वर्ष 1887 में की थी?
(क) लुई सिवेस्टिन (ख) न्यूटन
(ग) सी.वी. रमण (घ) हर्ट्ज

377. कॉपरनिकस (Copernicus) किस देश के नक्षत्र शास्त्री थे, जिसने सौरमंडल का पता लगाया था?
(क) इटली (ख) ब्रिटेन
(ग) जर्मनी (घ) पोलैंड

378. किस वैज्ञानिक ने टेलिस्कोप का निर्माण (वर्ष 1609 में) किया था?
(क) सर आइजक न्यूटन (ख) हंफ्री डेवी
(ग) गैलीलियो (घ) हेनरी बेसमर

379. किस वैज्ञानिक को 'आधुनिक युग का आइंस्टीन' कहा जाता है?
(क) स्टीफन हॉकिंग (ख) एलन हीगर
(ग) गुंटेर ब्लोबेल (घ) डॉ. सुब्रह्मण्यम चंद्रशेखर

380. किस (जर्मन) वैज्ञानिक ने वर्ष 1895 में 'थ्योरी ऑफ रिलेटक्टिी' के सिद्धांत प्रतिपादन किया था?
(क) अल्बर्ट आइंस्टीन (ख) चार्ल्स रॉबर्ट डार्विन
(ग) आर्कमिडीज (घ) क्रिश्चियन बर्नार्ड

381. इनमें से कौन सा ब्रिटिश वैज्ञानिक था, जिसने विद्युत् विश्लेषण के नियम का प्रतिपादन किया और विद्युत् चुंबकीय क्षेत्र में महत्त्वपूर्ण योगदान किया है?
(क) अलेक्जेंडर फ्लेमिंग (ख) मेक्सवेल
(ग) माइकल फैराडे (घ) हर्ट्ज

382. इनमें से कौन सा युग्म सुमेलित नहीं है?

	नवीन वैज्ञानिक उपलब्धि	देश
(क)	प्रथम बार मानव भ्रूण का क्लोनीकरण	जर्मनी
(ख)	एक कॉपीकेर (CC) नाम की बिल्ली का क्लोन	अमेरिका
(ग)	एक अंतरिक्ष यान को एक धूमकेतु के साथ टकराने के लिए निर्देशित करना	अमेरिका
(घ)	एक पूर्ण मानव गुणसूत्र का प्रयोग कर विश्व में प्रथम चूहे का जनन	ब्रिटेन

उत्तर के लिए कृपया पृष्ठ सं. 174 देखें।

383. किस वैज्ञानिक ने 'रेडियो एवं वायरलेस टेलीग्राफी का आविष्कार किया था?

(क) फुल्टन (ख) ग्राहम बेल

(ग) जे.एल. बेथर्ड (घ) जी. मारकोनी

384. इनमें से कौन टेलीविजन (वर्ष 1925 में) के आविष्कारक हैं?

(क) जे.एल. बेयर्ड (ख) डब्ल्यू. शोकले

(ग) थॉमस अल्वा एडीसन (घ) डब्ल्यू. सी. रोटजन

385. प्रसिद्ध भौतिक विज्ञानी एवं ब्रह्मांडवेत्ता स्टीफन हॉकिंग की चर्चित पुस्तक कौन सी है?

(क) दि ऑरिजिन ऑफ स्पेसीज

(ख) थ्योरी ऑफ रिलेटिविटी

(ग) द ब्रीफ हिस्टरी ऑफ टाइम

(घ) उपर्युक्त सभी

386. किस भारतीय/भारतीय मूल के वैज्ञानिक को भौतिकी के क्षेत्र में सर्वप्रथम नोबेल पुरस्कार (वर्ष 1930 में) मिला था?

(क) हरगोविंद खुराना (ख) सी.वी. रमण

(ग) एस. चंद्रशेखर (घ) डॉ. होमी जहाँगीर भाभा

387. जी. मारकोनी किस देश के वैज्ञानिक थे?

(क) जर्मनी (ख) इटली

(ग) ब्रिटेन (घ) अमेरिका

388. किसने अंधों के लिखने-पढ़ने की विधि (ब्रेल लिपि) का आविष्कार किया था?

(क) ग्राहम बेल (ख) एफ. बैंटिंग

(ग) लुई ब्रेल (घ) लुई पाश्चर

389. किस वैज्ञानिक ने 'जेनेटिक कोड' का आविष्कार किया था?

(क) हरगोविंद खुराना (ख) एस. चंद्रशेखर

(ग) वेंकटरमन रामकृष्णन (घ) सी.वी. रमण

390. इनमें से किसे 'कंप्यूटर का जनक' कहा जाता है?

(क) चार्ल्स बेबेज (ख) टिम बर्न्स ली

(ग) रेटॉमिल्सन (घ) उपर्युक्त में से कोई नहीं

उत्तर के लिए कृपया पृष्ठ सं. 174 देखें।

391. वर्ष 2000 में कंप्यूटर के क्षेत्र में जो समस्या आने वाली थी, उसका नाम क्या था?

(क) बी/2 के (ख) पी/2 के

(ग) यू/2 के (घ) वाई/2 के

392. इंटरनेट (Internet) के जन्म के 40 वर्ष कब पूर्ण हुए हैं?

(क) 2 सितंबर, 2005 को (ख) 12 नवंबर, 2007 को

(ग) 12 अप्रैल, 2008 को (घ) 2 सितंबर, 2009 को

393. वर्ष 2010 तक विश्व में इंटरनेट का उपयोग करनेवालों की कुल संख्या कितनी थी?

(क) 1 अरब (ख) 1.5 अरब

(ग) 2.5 अरब (घ) 3 अरब

394. विश्व के किस देश में इंटरनेट का उपयोग करनेवालों की संख्या (वर्ष 2010 तक) सर्वाधिक है?

(क) चीन (ख) अमेरिका

(ग) जापान (घ) भारत

395. इंटरनेट उपयोगकर्ताओं की संख्या की दृष्टि से भारत का (वर्ष 2011 तक) विश्व में कौन सा स्थान रहा है?

(क) दूसरा (ख) तीसरा

(ग) चौथा (घ) छठा

396. इनमें किसने इ-मेल (E-Mail) का विकास सर्वप्रथम (वर्ष 1972 में) किया था?

(क) रेटॉमिल्सन (ख) चॉर्ल्स बेवेज

(ग) डी. मारकोनी (घ) टिमबर्न्स ली

397. किसने 'वर्ल्ड वाइड वेब' (WWW) का प्रतिपादन एवं प्रथम (WWW वेबसाइट) का निर्माण सर्वप्रथम किसके द्वारा (वर्ष 1990 में) किया गया था?

(क) टिम बर्न्स ली (ख) अल्बर्ट आइंस्टीन

(ग) चार्ल्स बेवेज (घ) गुंटर ब्लोबेल

□

उत्तर के लिए कृपया पृष्ठ सं. 174 देखें।

9

पर्यावरण

398. इनमें से किस स्थान पर वर्ष 1972 में पर्यावरण पर संयुक्त राष्ट्र के तत्त्वावधान में सम्मेलन हुआ था?

(क) स्टॉकहोम (स्वीडन　　(ख) लंदन (ब्रिटेन)

(ग) कोपेनहेगेन (डेनमार्क)　　(घ) मॉण्ट्रियल (कनाडा)

399. प्रतिवर्ष किस दिन 'विश्व पर्यावरण दिवस' मनाया जाता है?

(क) 21 सितंबर को　　(ख) 5 जून को

(ग) 11 जुलाई को　　(घ) 10 दिसंबर को

400. ग्लोबल वार्मिंग पर एक अंतरराष्ट्रीय सम्मेलन दिसंबर 1997 में क्योटो नगर में संपन्न हुआ। क्योटो नगर किस देश में स्थित है?

(क) दक्षिण कोरिया　　(ख) जापान

(ग) चीन　　(घ) हांगकांग

401. निम्न में से क्योटो संधि/प्रोटोकॉल (जो औद्योगिक देशों को ग्रीन हाउस की गैसों से होनेवाले प्रदूषण को खत्म करने हेतु प्रतिबद्ध है) कब लागू हुई थी?

(क) 16 जनवरी, 2003　　(ख) 16 फरवरी, 2005

(ग) 16 जनवरी, 2008　　(घ) 16 फरवरी, 2009

402. पर्यावरण एवं विकास पर संयुक्त राष्ट्र सम्मेलन (प्रथम पृथ्वी सम्मेलन) 3–14 जून, 1992 को कहाँ संपन्न हुआ था?

(क) जोहान्सबर्ग (द. अफ्रीका)　　(ख) ब्यूनस आयर्स (अर्जेंटीना)

(ग) रिओ डी जेनेरियो (ब्राजील)　　(घ) न्यूयॉर्क (अमेरिका)

उत्तर के लिए कृपया पृष्ठ सं. 174 देखें।

403. वर्ष 1992 के पर्यावरण एवं विकास पर पृथ्वी सम्मेलन के दौरान कौन सा एजेंडा स्वीकार किया गया?

(क) एजेंडा-7 (ख) एजेंडा-11

(ग) एजेंडा-15 (घ) एजेंडा-21

404. सतत विकास पर विश्व शिखर सम्मेलन (दूसरा पृथ्वी सम्मेलन) 26 अगस्त से 6 सितंबर, 2002 को कहाँ संपन्न हुआ?

(क) एम्सटर्डम (नीदरलैंड्स)

(ख) मॉण्ट्रियल (कनाडा)

(ग) बाली (इंडोनेशिया)

(घ) जोहान्सबर्ग (दक्षिण अफ्रीका)

405. जलवायु परिवर्तन की समस्या के प्रति वैश्विक समुदाय का ध्यान आकर्षित करने के लिए विश्व में पहली बार किस देश ने समुद्र के भीतर कैबिनेट की बैठक 17 अक्तूबर, 2009 को संपन्न की थी?

(क) फिजी (ख) मॉरीशस

(ग) मालदीव (घ) इंडोनेशिया

406. किस देश ने वर्ष 2009 में माउंट एवरेस्ट पर कैबिनेट मीटिंग संपन्न की थी?

(क) चीन (ख) ताइवान

(ग) भारत (घ) नेपाल

407. किस पर्यावरण संस्था/ संगठन ने वर्ष 2011 में अपनी 40वीं वर्षगाँठ मनाई है?

(क) ग्रीनपीस (Green Peace)

(ख) डब्ल्यू.डब्ल्यू.एफ. (WWF)

(ग) संयुक्त राष्ट्र पर्यावरण कार्यक्रम (UNEP)

(घ) नॉर्डिक परिषद् (Nordic Council)

408. किस वर्ष 'प्रकृति हेतु विश्व व्यापी कोष' (World Wide Fund For Nature-W.W.F.) की स्थापना हुई थी?

(क) सन् 1961 में (ख) सन् 1971 में

(ग) सन् 1974 में (घ) सन् 1981 में

उत्तर के लिए कृपया पृष्ठ सं. 174 देखें।

409. इनमें से '1000 क्लब' का संबंध किस संस्था कोष से है?
(क) संयुक्त राष्ट्र बाल कोष (UNICEF)
(ख) प्रकृति हेतु विश्व व्यापी कोष (WWF)
(ग) ग्रीन पीस
(घ) अंतरराष्ट्रीय मुद्रा कोष

410. 'प्रकृति हेतु विश्व व्यापी कोष' (W.W.F.) का मुख्यालय कहाँ अवस्थित है?
(क) नैरोबी (कीनिया) (ख) एम्सटरडम (नीदरलैंड्स)
(ग) रोम (इटली) (घ) ग्लांड (स्विट्जरलैंड)

411. पर्यावरण से जुड़ा कौन सा संगठन अंतरराष्ट्रीय स्तर पर सक्रिय है?
(क) अर्थ राइट्स इंटरनेशनल (ख) अर्थ फर्स्ट
(ग) ग्रीन पॉवर (घ) उपर्युक्त सभी

412. कौन सा पर्यावरण संगठन/संस्था अपने अभियान हेतु एक समुद्री जहाज 'रेनबो वॉरियर' का प्रयोग करता है?
(क) ग्रीनपीस (ख) ग्रीन पॉवर
(ग) ग्रीन क्रॉस इंटरनेशनल (घ) डाउन टू अर्थ

413. विश्व वन्य जीव कोष/ प्रकृति हेतु विश्व व्यापी कोष (WWF) का शुभंकर (Mascot) क्या है?
(क) शेर (ख) पेड़
(ग) पांडा (घ) पानी

414. हाल ही में यूरोपीय संघ (EU) और भारत सहित अन्य छह देशों ने 'अंतरराष्ट्रीय ताप नाभिकीय प्रायोगिक रिएक्टर (ITER) परियोजना पर हस्ताक्षर किए। इनमें से कौन से दो देश इसके हस्ताक्षरकर्ता नहीं हैं?
(क) चीन और दक्षिण कोरिया (ख) स्विट्जरलैंड और जापान
(ग) अमेरिका और रूस (घ) कनाडा और दक्षिण अफ्रीका

415. संयुक्त राष्ट्र संघ के तत्त्वावधान में दिसंबर 2011 में जलवायु परिवर्तन पर सम्मेलन कहाँ संपन्न हुआ?
(क) कॉनकुन (मेक्सिको) (ख) बर्लिन (जर्मनी)
(ग) डरबन (द. अफ्रीका) (घ) मॉस्को (रूस)

उत्तर के लिए कृपया पृष्ठ सं. 174 देखें।

416. निम्न में से 'रियो+20' क्या है?

(क) ब्राजील के शहर रियो डी जेनेरियो में 20-22 जून, 2012 के मध्य संपन्न एक जीवांत विकास पर संयुक्त राष्ट्र सम्मेलन।

(ख) रियो डी जेनेरियो में स्थित एक प्रमुख बंदरगाह।

(ग) ब्राजील की राजधानी रियो डी जेनेरियो के 20 वर्ष पूरे होने की उपलब्धि में संपन्न एक सम्मेलन।

(घ) ब्राज़ील के रियो डी जेनेरियो में 20 मई, 2012 को आया भयंकर भूकंप, जिसके चलते 20 हजार लोग मारे गए।

417. विश्व का कौन सा ऐसा पहला देश है, जिसने ग्लोबल वार्मिंग के प्रतिकरण हेतु कार्बन टैक्स (Carbon Tax) लगाने का प्रस्ताव रखा है?

(क) ब्रिटेन (ख) न्यूजीलैंड

(ग) फ्रांस (घ) जर्मनी

418. पर्यावरण की रक्षा हेतु पोधारोपण को बढ़ावा देने हेतु 'ग्रीन बेल्ट मूवमेंट' की स्थापना (वर्ष 1997 में) किसने की थी?

(क) वांगरी मथाई (कीनिया) (ख) तवाकल करमान (यमन)

(ग) शिरिन इबादी (ईरान) (घ) लीमाह जीबोई (लाइबेरिया)

419. कौन सा देश ग्रीन हाउस गैसों के उत्सर्जन के लिए सर्वाधिक उत्तरदायी है?

(क) चीन (ख) यूरोपीय संघ

(ग) भारत (घ) संयुक्त राज्य अमेरिका

420. किस देश में वनों की क्षति सर्वाधिक अम्ल वर्षा के कारण हुई है?

(क) इटली (ख) नीदरलैंड्स

(ग) पुर्तगाल (घ) पोलैंड

□

उत्तर के लिए कृपया पृष्ठ सं. 174-175 देखें।

10

कृषि एवं उद्योग-धंधे

421. यूरोप के प्रमुख देशों एवं उनके प्रमुख उद्योगों के जोड़ों में कौन सा जोड़ा गलत है?

प्रमुख देश	प्रमुख उद्योग
(क) फ्रांस	रेशम, वस्त्र उद्योग
(ख) डेनमार्क	डेयरी पदार्थ
(ग) इटली	तंबाकू, चीनी उद्योग
(घ) स्विट्जरलैंड	घड़ियाँ एवं परिवहन यंत्र उद्योग

422. मोटर वाहनों का सबसे बड़ा उत्पादक देश कौन सा है?
(क) अमेरिका (ख) जापान
(ग) चीन (घ) रूस

423. कनाडा का प्रमुख उद्योग कौन सा है?
(क) मेवा उद्योग (ख) सोना व हीरा उद्योग
(ग) पेपर व छापाखाना उद्योग (घ) कपड़ा उद्योग

424. सऊदी अरब किस वस्तु के उत्पादन में अग्रणी है?
(क) खजूर (ख) दूध
(ग) चीनी (घ) चावल

425. इनमें से किसे 'विश्व का चीनी का कटोरा' के उपनाम से जाना जाता है?
(क) क्यूबा (ख) ब्राजील
(ग) भारत (घ) थाइलैंड

उत्तर के लिए कृपया पृष्ठ सं. 175 देखें।

426. विश्व में सबसे अधिक कॉफी का उत्पादक देश कौन सा है?
(क) ब्राजील (ख) अर्जेंटीना
(ग) स्वीडन (घ) दक्षिण अफ्रीका

427. इनमें से कौन सा जोड़ा सुमेलित नहीं है?

	इस्पात	**सहयोगी देश**
(क)	भिलाई	पूर्व सोवियत संघ
(ख)	राउरकेला	जर्मनी
(ग)	दुर्गापुर	ब्रिटेन
(घ)	बोकारो	अमेरिका

428. विश्व के किस (गेहूँ उत्पादक) देश को 'विश्व का अन्न भंडार कहा जाता है?
(क) भारत (ख) यूक्रेन
(ग) श्रीलंका (घ) डेनमार्क

429. अफ्रीका का कौन सा देश विश्व में सर्वाधिक खजूर उत्पादक देश है?
(क) नाइजीरिया (ख) रवांडा
(ग) नाइजर (घ) मिस्त्र

430. यूरोप का कौन सा देश विश्व का सर्वाधिक अंगूर एवं जैतून उत्पादक देश है?
(क) जर्मनी (ख) ब्रिटेन
(ग) इटली (घ) फ्रांस

431. अफ्रीका का कौन सा देश विश्व में सर्वाधिक कोको उत्पादक देश है?
(क) आइवरी कोस्ट (ख) नाइजर
(ग) चाड (घ) कांगो

432. दक्षिण अमेरिका महाद्वीप का कौन सा देश प्रमुख सोयाबीन उत्पादक देश है?
(क) चिली (ख) पेरू
(ग) ब्राजील (घ) वेनेजुएला

433. संयुक्त राज्य अमेरिका के कैलिफोर्निया का लॉस एंजिल्स नगर किस उद्योग के लिए विश्व-विख्यात है?
(क) फिल्म उद्योग (ख) परिवहन यंत्र उद्योग
(ग) पेपर उद्योग (घ) वस्त्र उद्योग

उत्तर के लिए कृपया पृष्ठ सं. 175 देखें।

434. दक्षिण अमेरिका महाद्वीप में कौन सा देश सूरजमुखी के बीज सर्वाधिक उत्पादित करता है, जिसका विश्व में द्वितीय स्थान है?

(क) अर्जेंटीना (ख) ब्राजील

(ग) उरूग्वे (घ) क्यूबा

435. संयुक्त राज्य अमेरिका के प्रमुख नगरों एवं उनके प्रमुख उद्योगों के युग्म में कौन सा युग्म सुमेलित नहीं है?

प्रमुख नगर	उनके प्रमुख उद्योग
(क) न्यूयॉर्क	फिल्म उद्योग
(ग) पिट्सबर्ग	लोहा और इस्पात
(क) टोकियो	मोटर कार
(ग) शिकागो	ऑटोमोबाइल्स

436. जर्मनी के किस नगर का प्रमुख उद्योग इंजीनियरिंग वर्क्स है?

(क) कोलोन (ख) एसिन

(ग) म्यूनिख (घ) ड्रेस्डेन

437. द. अफ्रीका का जोहांसबर्ग नगर किस प्रमुख उद्योग के लिए विख्यात है?

(क) सोने की खान (ख) जलयान निर्माण

(ग) चीनी मिट्टी के बरतन (घ) मोटर कार

438. इनमें से इंग्लैंड के किस प्रमुख नगर का प्रमुख उद्योग जलयान निर्माण है?

(क) लीड्स (ख) शेफील्ड

(ग) प्लाईमाउथ (घ) उपर्युक्त सभी

439. पाकिस्तान के मुल्तान नगर का प्रमुख उद्योग कौन सा है?

(क) चीनी मिट्टी के बरतन एवं दरी

(ख) ऑप्टीकल यंत्र

(ग) चीड़ की लकड़ी के फर्नीचर

(घ) वस्त्र उद्योग

440. इटली के वेनिस नगर का प्रमुख उद्योग कौन सा है?

(क) पेपर उद्योग

(ख) वस्त्र उद्योग

(ग) रेशम उद्योग

(घ) काँच का सामान

उत्तर के लिए कृपया पृष्ठ सं. 175 देखें।

441. बँगलादेश की राजधानी ढाका अपने किस उद्योग के लिए चर्चित है?
(क) डेयरी पदार्थ (ख) चाय
(ग) चीनी (घ) जूट

442. जापान का मोटर उद्योग कहाँ सबसे अधिक विकसित है?
(क) टोक्यो व याकोहामा (ख) किंकी
(ग) हिरोशिमा (घ) नागोया

443. विश्व में ताँबे का सबसे बड़ा उत्पादक देश कौन सा है?
(क) द. अफ्रीका (ख) चिली
(ग) भारत (घ) कनाडा

444. मेक्सिको किस खनिज के उत्पादन के विश्व का सबसे बड़ा देश है?
(क) चाँदी (ख) मैंगनीज
(ग) ताँबा (घ) बॉक्साइट

445. भारत किस खनिज के उत्पादन में विश्व का सबसे बड़ा देश है?
(क) कोयला (ख) अभ्रक
(ग) मैंगनीज (घ) टिन अयस्क

446. कौन सा देश यूरेनियम का प्रमुख उत्पादक देश है?
(क) जर्मनी (ख) इटली
(ग) नामीबिया (घ) कनाडा

447. कौन सा देश विश्व में बॉक्साइट के उत्पादन का प्रमुख देश है?
(क) ऑस्ट्रेलिया (ख) अमेरिका
(ग) चिली (घ) चीन

448. कौन सा देश मैंगनीज के उत्पादन का प्रमुख देश है?
(क) दक्षिण अफ्रीका (ख) ब्राजील
(ग) ऑस्ट्रेलिया (घ) उपर्युक्त सभी

449. विश्व का कौन सा देश पेट्रोलियम निर्यातक देशों के संगठन 'ओपेक' (OPEC) का सदस्य नहीं है?
(क) संयुक्त अरब अमीरात (UAE)
(ख) कतर
(ग) लीबिया
(घ) संयुक्त राज्य अमेरिका

उत्तर के लिए कृपया पृष्ठ सं. 175 देखें।

450. कौन सा देश विश्व का सबसे बड़ा पेट्रोलियम निर्यातक देश है?
(क) सऊदी अरब (ख) ईरान
(ग) संयुक्त अरब अमीरात (घ) कुवैत

451. एशिया में विश्व का सर्वाधिक प्राकृतिक रबड़ उत्पादित करनेवाला देश कौन सा है?
(क) मलेशिया (ख) इंडोनेशिया
(ग) वियतनाम (घ) थाइलैंड

452. विश्व का कौन सा देश सर्वाधिक फॉस्फेट रॉक उत्खनित करनेवाला विश्व का देश है?
(क) सं. रा. अमेरिका (ख) मेक्सिको
(ग) अल्जीरिया (घ) ब्राजील

453. जापान का ओसाका इस्पात केंद्र किस द्वीप में स्थित है?
(क) हौकेंडो (ख) शिकोकू
(ग) होंशू (घ) क्यशू

454. विश्व के लौह इस्पात के उत्पादक तीन प्रमुख देशों का सही अनुक्रम क्या है?
(क) संयुक्त राज्य अमेरिका, चीन, जापान
(ख) जापान, संयुक्त राज्य अमेरिका, चीन
(ग) संयुक्त राज्य अमेरिका, जर्मनी, जापान
(घ) चीन, जापान, संयुक्त राज्य अमेरिका

455. जापान का पेगूयामा क्षेत्र किस चीज के लिए विख्यात है?
(क) चाँदी (ख) खनिज तेल
(ग) टिन (घ) ताँबा

456. ऑस्ट्रेलिया में माउंट गोल्ड्सवर्थी क्यों विख्यात है?
(क) कोयले की खानों के लिए (ख) मूँगे की चट्टानों के लिए
(ग) बॉक्साइट के भंडार के लिए (घ) लौह अयस्क की खानों के लिए

457. ब्राजील का मैनचेस्टर नगर कौन सा है?
(क) साओपोलो (ख) क्यूरीटीबा
(ग) रेसिफे (घ) रियो डी जेनेरियो

उत्तर के लिए कृपया पृष्ठ सं. 175 देखें।

458. ब्राजील के उत्तरी भाग में स्थित विश्व की विशालतम मैंगनीज खान इनमें से कौन सी है?

(क) असापा (ख) बाहिया

(ग) लफालेट (घ) नजारे

459. इवानोव किस देश का मैनचेस्टर कहलाता है?

(क) स्कॉटलैंड (ख) स्वीडन

(ग) रूस (घ) जर्मनी

460. विश्व में सर्वाधिक वार्षिक तापांतर किस जलवायु में पाया जाता है?

(क) टैगा जलवायु (ख) टुंड्रा जलवायु

(ग) शीतोष्ण जलवायु (घ) उष्ण मरुस्थलीय जलवायु

461. विश्व के कुल सिंचित क्षेत्रफल के प्रतिशत के आधार पर इन देशों का सही अवरोही क्रम क्या है?

(क) चीन-भारत-रूस-अमेरिका

(ख) चीन-भारत-अमेरिका-रूस

(ग) अमेरिका-चीन-रूस-भारत

(घ) रूस-चीन-भारत-अमेरिका

462. स्थानांतरी कृषि श्रीलंका में किस नाम से जानी जाती है?

(क) कोनुको (ख) मिल्वा

(ग) चेन्ना (घ) हुमा

463. विश्व-प्रसिद्ध उलंग किस्म की चाय किस देश में पैदा की जाती है?

(क) भारत (ख) म्याँमार

(ग) श्रीलंका (घ) ताइवान

464. किस देश में वहाँ के विद्युत् उत्पादन का सर्वाधिक भाग नाभिकीय संयंत्रों द्वारा होता है?

(क) फ्रांस (ख) अमेरिका

(ग) इटली (घ) ब्रिटेन

□

उत्तर के लिए कृपया पृष्ठ सं. 175 देखें।

11

संयुक्त राष्ट्र संघ

465. संयुक्त राष्ट्र संघ की स्थापना कब हुई थी?
(क) 24 अक्तूबर, 1942 (ख) 24 अक्तूबर, 1945
(ग) 10 दिसंबर, 1948 (घ) 10 दिसंबर, 1952

466. संयुक्त राष्ट्र संघ के चार्टर (संविधान) को अंतिम रूप (जून 1945 में) किस सम्मेलन में दिया गया था?
(क) थाल्टा सम्मेलन (ख) डंबार्टन ऑबस सम्मेलन
(ग) सैन फ्रांसिस्को सम्मेलन (घ) मॉस्को सम्मेलन

467. वर्तमान में (सन् 2012 तक) संयुक्त राष्ट्र संघ के कुल सदस्य राष्ट्रों की संख्या कितनी है?
(क) 185 (ख) 189
(ग) 191 (घ) 193

468. संयुक्त राष्ट्र संघ की पहली बैठक कब और कहाँ हुई थी?
(क) 10 दिसंबर, 1945 को सैन फ्रांसिस्को में
(ख) 24 अक्तूबर, 1946 को न्यूयॉर्क में
(ग) 10 जनवरी, 1946 को लंदन में
(घ) 10 दिसंबर, 1946 को वाशिंगटन में

469. भारत सहित संयुक्त राष्ट्र संघ के कुल प्रारंभिक/मूल सदस्य (Original Members) कितने हैं?
(क) 45 (ख) 51
(ग) 61 (घ) 71

उत्तर के लिए कृपया पृष्ठ सं. 175 देखें।

470. इनमें संयुक्त राष्ट्र संघ का कौन सा अंग नहीं है?
(क) महासभा (ख) सुरक्षा परिषद्
(ग) अंतरराष्ट्रीय न्यायालय (घ) यूनेस्को

471. संयुक्त राष्ट्र संघ के किस अंग को 'विश्व की लघु संसद्' भी कहा जाता है?
(क) सुरक्षा परिषद् (ख) आर्थिक एवं सामाजिक परिषद्
(ग) अंतरराष्ट्रीय न्यायालय (घ) महासभा

472. संयुक्त राष्ट्र महासभा ने 'शांति के लिए एकता प्रस्ताव' कब पारित किया था?
(क) नवंबर 1950 में (ख) नवंबर 1960 में
(ग) दिसंबर 1966 में (घ) दिसंबर 1971 में

473. संयुक्त राष्ट्र संघ का मुख्यालय कहाँ अवस्थित है?
(क) वाशिंगटन (अमेरिका) (ख) हेग (नीदरलैंड्स)
(ग) न्यूयॉर्क (अमेरिका) (घ) लंदन (ब्रिटेन)

474. एशिया से संयुक्त राष्ट्र के महासचिव बननेवाले प्रथम व्यक्ति कौन थे?
(क) बुतरस घाली (ख) बान की मून
(ग) ट्रीगवी ली (घ) यू थांट

475. दक्षिण अमेरिका से संयुक्त राष्ट्र के महासचिव बननेवाले प्रथम व्यक्ति कौन हैं?
(क) डैग हैमरशॉल्ड (ख) जेवियर पैरेज द कुइयार
(ग) कुर्त वाल्दहेम (घ) ट्रीगवी ली

476. संयुक्त राष्ट्र संघ के महासचिव की नियुक्ति सुरक्षा परिषद् की सिफारिश पर महासभा द्वारा कितने वर्ष के लिए की जाती है?
(क) 4 वर्ष (ख) 5 वर्ष
(ग) 6 वर्ष (घ) 7 वर्ष

477. वर्तमान में (वर्ष 2012) संयुक्त राष्ट्र के महासचिव कौन हैं?
(क) बुतरस घाली (ख) बान की मून
(ग) कुर्त वाल्दहेम (घ) कोफी अन्नान

उत्तर के लिए कृपया पृष्ठ सं. 175 देखें।

478. अंतरराष्ट्रीय न्यायालय, जो संयुक्त राष्ट्र संघ का एक न्यायिक अंग है, में कुल कितने न्यायाधीश होते हैं?

(क) पाँच (ख) सात

(ग) दस (घ) पंद्रह

479. अंतरराष्ट्रीय न्यायलय का मुख्यालय कहाँ अवस्थित है?

(क) जेनेवा (स्विट्जरलैंड) (ख) हेग (नीदरलैंड्स)

(ग) न्यूयॉर्क (अमेरिका) (घ) पेरिस (फ्रांस)

480. सुरक्षा परिषद् संयुक्त राष्ट्र का सबसे शक्तिशाली अंग है। वर्तमान में सुरक्षा परिषद् की कुल सदस्य संख्या कितनी है?

(क) सात (ख) दस

(ग) पंद्रह (घ) बीस

481. सुरक्षा परिषद् के पाँच स्थायी सदस्य होते हैं, जिनमें से तीन अमेरिका, ब्रिटेन एवं रूस हैं; शेष दो कौन हैं?

(क) चीन और जापान (ख) चीन और फ्रांस

(ग) जर्मनी और फ्रांस (घ) इटली और फ्रांस

482. सुरक्षा परिषद् के दस अस्थायी सदस्यों में से कुल कितने सदस्य एशियाई व अफ्रीकी राष्ट्रों से चुने जाते हैं?

(क) चार (ख) पाँच

(ग) सात (घ) नौ

483. भारत अब तक (वर्ष 2012 तक) कुल कितनी बार सुरक्षा परिषद् का अस्थायी सदस्य बन चुका है?

(क) चार बार (ख) पाँच बार

(ग) छह बार (घ) सात बार

484. भारत सुरक्षा परिषद् का अस्थायी सदस्य (पिछली बार) कब रहा है?

(क) वर्ष 1993 से 1994 तक (ख) वर्ष 1997 से 1998 तक

(ग) वर्ष 2009 से 2010 तक (घ) वर्ष 2011 से 2012 तक

485. अंतरराष्ट्रीय न्यायालय में (वर्ष 2012 में) कौन से भारतीय न्यायाधीश जज बने हैं?

(क) जी.बी. पटनायक (ख) वाई.के. सब्बरवाल

(ग) बी.एन. खरे (घ) दलवीर भंडारी

उत्तर के लिए कृपया पृष्ठ सं. 175-176 देखें।

486. संयुक्त राष्ट्र की आर्थिक एवं सामाजिक परिषद् के कुल सदस्यों की संख्या कितनी है?

(क) 45 (ख) 47

(ग) 51 (घ) 54

487. संयुक्त राष्ट्र की आर्थिक एवं सामाजिक परिषद् में सर्वाधिक सदस्य (14) किस क्षेत्र से चुने जाते हैं?

(क) एशिया से (ख) लैटिन अमेरिका व कैरेबियन से

(ग) पश्चिमी यूरोप से (घ) अफ्रीका से

488. संयुक्त राष्ट्र की आर्थिक एवं सामाजिक परिषद् के सदस्य कितने वर्ष के लिए चुने जाते हैं?

(क) दो (ख) तीन

(ग) चार (घ) पाँच

489. संयुक्त राष्ट्र संघ की लाइब्रेरी किस नाम से जानी जाती है?

(क) फ्रैंकलिन रूजवेल्ट लाइब्रेरी (ख) हेमर्सजोल्ड लाइब्रेरी

(ग) जॉन डी. रॉकफेलर लाइब्रेरी (घ) ट्रीगवी ली लाइब्रेरी

490. संयुक्त राष्ट्र संघ की छह आधिकारिक भाषाएँ हैं, जिनमें तीन अंग्रेजी; रूसी एवं फ्रेंच हैं, शेष तीन कौन सी हैं?

(क) चीनी, जर्मन एवं स्पेनिश

(ख) चीनी, अरबी एवं स्पेनिश

(ग) चीनी, जापानी एवं स्पेनिश

(घ) जापानी, अरबी एवं स्पेनिश

491. किस वर्ष 'संयुक्त राष्ट्र संघ' तथा उसके महासचिव कोफी अन्नान को संयुक्त रूप से 'नोबेल शांति पुरस्कार' प्रदान किया गया था?

(क) वर्ष 2000 में (ख) वर्ष 2001 में

(ग) वर्ष 2002 में (घ) वर्ष 2004 में

492. यूरोप का कौन सा विकसित देश वर्ष 2002 में जाकर संयुक्त राष्ट्र संघ (UNO) का सदस्य बना?

(क) स्पेन (ख) स्विट्ज़रलैंड

(ग) यूक्रेन (घ) नीदरलैंड्स

उत्तर के लिए कृपया पृष्ठ सं. 176 देखें।

493. कौन सा देश (वर्ष 2006 में) संयुक्त राष्ट्र संघ का 192वाँ सदस्य बना है?

(क) मोंटेनग्रो (ख) पूर्वी तिमोर

(ग) दक्षीण सूडान (घ) तुवालु

494. संयुक्त राष्ट्र संघ के प्रथम महासचिव ट्रीगवी ली (सन् 1946 से 1952 तक) मूल रूप से किस देश के थे?

(क) ऑस्ट्रिया (ख) बर्मा (म्याँमार)

(ग) नॉर्वे (घ) स्वीडन

495. अंतरराष्ट्रीय आपराधिक न्यायालय की स्थापना जन-संहार, युद्ध अपराधों और मानवता के खिलाफ अपराधों से संबंधित मामलों में सुनवाई हेतु कब की गई?

(क) 1 जुलाई, 1999 (ख) 1 अगस्त, 2000

(ग) 1 जुलाई, 2002 (घ) 1 जून, 2004

496. अंतरराष्ट्रीय आपराधिक न्यायालय के न्यायाधीशों की कुल संख्या कितनी थी?

(क) 12 (ख) 15

(ग) 18 (घ) 21

497. वर्ष 2012 में एक अंतरराष्ट्रीय न्यायालय ने किस देश के पूर्व राष्ट्रपति चार्ल्स टेलर को युद्ध अपराधों के लिए 50 साल कैद सजा सुनाई है?

(क) लीबिया (ख) लाइबेरिया

(ग) सीरिया (घ) यमन

498. संयुक्त राष्ट्र के 'सहस्त्रब्दी विकास लक्ष्य' को किस वर्ष तक प्राप्त करने का लक्ष्य निर्धारित किया गया है?

(क) वर्ष 2014 तक

(ख) वर्ष 2015 तक

(ग) वर्ष 2018 तक

(घ) वर्ष 2022 तक

499. संयुक्त राष्ट्र व्यापार एवं विकास सम्मेलन 'अंकटाड' (UNCTAD), जिसकी स्थापना वर्ष 1964 में महासभा के स्थायी अंग के रूप में हुई।

उत्तर के लिए कृपया पृष्ठ सं. 176 देखें।

इनमें से अंकटाड का कौन सा एकमात्र सम्मेलन भारत (नई दिल्ली) में हुआ है?

(क) अंकटाड-II सम्मेलन (1968)

(ख) अंकटाड-IV सम्मेलन (1976)

(ग) अंकटाड-VI सम्मेलन (1983)

(घ) अंकटाड-X सम्मेलन (2000)

500. संयुक्त राष्ट्र बाल कोष/ यूनिसेफ (UNICEF) का मुख्यालय किस स्थान पर अवस्थित है?

(क) पेरिस (फ्रांस) (ख) न्यूयॉर्क (अमेरिका)

(ग) जेनेवा (स्विट्जरलैंड) (घ) रोम (इटली)

501. संयुक्त राष्ट्र की कौन सी विशिष्ट एजेंसी प्रतिवर्ष 'मानव विकास रिपोर्ट' जारी करती है?

(क) संयुक्त राष्ट्र मानवाधिकार परिषद्

(ख) संयुक्त राष्ट्र विकास कार्यक्रम

(ग) संयुक्त राष्ट्र व्यापार एवं विकास सम्मेलन

(घ) संयुक्त राष्ट्र मानव आवास केंद्र

502. संयुक्त राष्ट्र पर्यावरण कार्यक्रम (UNEP) संयुक्त राष्ट्र संघ का ऐसा पहला विशिष्ट अभिकरण/एजेंसी है, जिसका मुख्यालय एक विकासशील देश में है। इनमें से वह कौन सा देश है, जहाँ इसका मुख्यालय अवस्थित है?

(क) अबुजा (नाइजीरिया) (ख) मोनरोविया (लाइबेरिया)

(ग) नैरोबी (कीनिया) (घ) रबात (मोरक्को)

503. संयुक्त राष्ट्र शैक्षणिक, वैज्ञानिक एवं सांस्कृतिक संगठन 'यूनेस्को' (UNESCO) का मुख्यालय कहाँ स्थित है?

(क) न्यूयॉर्क (अमेरिका) (ख) लंदन (ब्रिटेन)

(ग) पेरिस (फ्रांस) (घ) बर्लिन (जर्मनी)

504. वर्ष 2011 में फिलिस्तीन को संयुक्त राष्ट्र संघ के किस महत्त्वपूर्ण निकाय/ संस्था की पूर्ण सदस्यता प्रदान की गई है?

(क) यूनिसेफ (UNICEF) (ख) यूनेस्को (UNESCO)

(ग) अंकटाड (UNCTAD) (घ) यूनिडो (UNIDO)

उत्तर के लिए कृपया पृष्ठ सं. 176 देखें।

505. 'ब्रेटन वुड्स (Bretton Woods) सम्मेलन' (अमेरिका, वर्ष 1944) के अंतर्गत किन वित्तीय संस्थाओं का उद्भव हुआ था?
(क) गैट एवं विश्व व्यापार संगठन (GATT & WTO)
(ख) अंतरराष्ट्रीय पुनर्निर्माण एवं विकास बैंक (विश्व बैंक) तथा अंतरराष्ट्रीय मुद्रा कोष
(ग) अंकटाड तथा आर्थिक सहयोग एवं विकास संगठन (UNCTAD & OECD)
(घ) समूह-8 एवं समूह-20

506. विश्व बैंक समूह में कौन सी संस्था सम्मिलित नहीं है?
(क) अंतरराष्ट्रीय विकास संघ
(ख) अंतरराष्ट्रीय मुद्रा कोष
(ग) अंतरराष्ट्रीय वित्त निगम
(घ) अंतरराष्ट्रीय पुनर्निर्माण एवं विकास बैंक

507. विश्व बैंक समूह की किस संस्था को 'रियायती ऋण देनेवाली खिड़की' (Soft Loan Window) कहा जाता है?
(क) अंतरराष्ट्रीय वित्त निगम
(ख) अंतरराष्ट्रीय विकास संघ
(ग) बहुपक्षीय निवेश प्रत्याभूति एजेंसी (MIGA)
(घ) निवेश संबंधी विवादों के निपटारे हेतु निर्मित अंतरराष्ट्रीय केंद्र (ICSID)

508. विश्व बैंक द्वारा प्रतिवर्ष किस रिपोर्ट का प्रकाशन किया जाता है?
(क) वर्ल्ड डेवलपमेंट रिपोर्ट
(ख) वर्ल्ड इकोनॉमिक आउटलुक
(ग) वर्ल्ड इन्वेस्टमेंट रिपोर्ट
(घ) वर्ल्ड ट्रेड एंड डेवलपमेंट रिपोर्ट

509. वर्तमान (वर्ष 2012) में विश्व बैंक का अध्यक्ष कौन है?
(क) रॉबर्ट बी. जोएलिक
(ख) पॉल वॉल्फोविट्ज
(ग) जिम योंग किम
(घ) सर जेम्स वोल्फेंसन

उत्तर के लिए कृपया पृष्ठ सं. 176 देखें।

510. विश्व बैंक का मुख्यालय कहाँ अवस्थित है?

(क) न्यूयॉर्क (अमेरिका)

(ख) शिकागो (अमेरिका)

(ग) वाशिंगटन डी.सी. (अमेरिका)

(घ) जेनेवा (स्विट्जरलैंड)

☐

उत्तर के लिए कृपया पृष्ठ सं. 176 देखें।

12

अंतरराष्ट्रीय संगठन

511. 'अफ्रीकी एकता संगठन' (OAV) के स्थान पर 'अफ्रीकी संघ' (African Union) कब अस्तित्व में आया?
(क) 26 मार्च, 1999 (ख) 26 फरवरी, 2000
(ग) 26 मई, 2001 (घ) 26 जनवरी, 2002

512. अफ्रीकी संघ का प्रथम शिखर सम्मेलन जुलाई 2002 में कहाँ आयोजित हुआ था?
(क) आदिस अबाबा (इथोपिया) (ख) काहिरा (मिस्त्र)
(ग) त्रिपोली (लीबिया) (घ) डरबन (द. अफ्रीका)

513. वर्तमान में (वर्ष 2012 तक) अफ्रीकी संघ के कुछ सदस्य देशों की संख्या कितनी है?
(क) 48 (ख) 51
(ग) 52 (घ) 53

514. अफ्रीकी महाद्वीप का कौन सा एकमात्र ऐसा देश है, जो अफ्रीकी संघ का सदस्य नहीं है?
(क) नाइजीरिया (ख) अल्जीरिया
(ग) मोरक्को (घ) मिस्त्र

515. अफ्रीकी संघ का मुख्यालय कहाँ अवस्थित है?
(क) जोहांसबर्ग (दक्षिण अफ्रीका)
(ख) अबुजा (नाइजीरिया)
(ग) आदिस अबाबा (इथोपिया)
(घ) त्रिपोली (लीबिया)

उत्तर के लिए कृपया पृष्ठ सं. 176 देखें।

516. 'अरब लीग' की स्थापना इसलामिक देशों के एक क्षेत्रीय संगठन के रूप में कब हुई थी?
(क) सन् 1945 में (ख) सन् 1953 में
(ग) सन् 1963 में (घ) सन् 1971 में

517. वर्तमान (वर्ष 2012 तक) में अरब लीग के कुल सदस्य देशों की संख्या कितनी है?
(क) 18 (ख) 20
(ग) 22 (घ) 28

518. अरब लीग का मुख्यालय कहाँ अवस्थित है?
(क) जेद्दाह (सऊदी अरब)
(ख) काहिरा (मिस्र)
(ग) दुबई (संयुक्त अरब अमीरात)
(घ) रबात (मोरक्को)

519. एशियाई-अफ्रीकी देशों के बीच शांति एवं सहयोग हेतु अप्रैल 1955 में बांडुंग में एक सम्मेलन (Bandung Conference) संपन्न हुआ। यह 'बांडुंग' किस देश में अवस्थित है?
(क) यूगोस्लाविया (ख) मिस्र
(ग) इंडोनेशिया (घ) दक्षिण अफ्रीका

520. किस देश की पहल पर एशियाई देशों का एक नया संगठन 'एशिया सहयोग संवाद' (वर्ष 2002 में) अस्तित्व में आया?
(क) थाइलैंड (ख) भारत
(ग) दक्षिण कोरिया (घ) इंडोनेशिया

521. कौन सा देश एशिया सहयोग संवाद का सदस्य है?
(क) भारत (ख) चीन
(ग) रूस (घ) उपर्युक्त सभी

522. एशियाई विकास बैंक (A.D.B.) का मुख्यालय कहाँ स्थित है?
(क) मनीला (फिलीपींस) (ख) मुंबई (भारत)
(ग) सियोल (द. कोरिया) (घ) बीजिंग (चीन)

उत्तर के लिए कृपया पृष्ठ सं. 176 देखें।

523. 'एपेक' (Asia Pacific Economic Co-operation—APEC) की स्थापना किस वर्ष हुई थी?

(क) सन् 1971 में (ख) सन् 1978 में
(ग) सन् 1981 में (घ) सन् 1989 में

524. इनमें कौन सा देश 'एपेक' (APEC) का सदस्य नहीं है?

(क) अमेरिका (ख) रूस
(ग) ब्राजील (घ) मेक्सिको

525. 'एपेक' का मुख्यालय कहाँ अवस्थित है?

(क) सिंगापुर (ख) मेक्सिको
(ग) जकार्ता (इंडोनेशिया) (घ) हांगकांग

526. वर्तमान में (वर्ष 2012 तक) 'एपेक' के कुल सदस्य राष्ट्रों की संख्या कितनी है?

(क) 16 (ख) 21
(ग) 28 (घ) 38

527. दक्षिण-पूर्वी एशियाई राष्ट्रों के संगठन 'आसियान' (asean) की स्थापना कब हुई थी?

(क) 16 जुलाई, 1964 (ख) 8 अगस्त, 1967
(ग) 6 जून, 1974 (घ) 8 दिसंबर, 1985

528. किस वर्ष पूर्वी एशिया शिखर सम्मेलन (East Asian Summit) 'आसियान' (asean) शिखर सम्मेलन के साथ ही संपन्न होता रहा है?

(क) वर्ष 2001 से (ख) वर्ष 2002 से
(ग) वर्ष 2005 से (घ) वर्ष 2009 से

529. आसियान सचिवालय कहाँ अवस्थित है?

(क) जकार्ता (इंडोनेशिया) (ख) कुआलालंपुर (मलेशिया)
(ग) सेबू (फिलीपींस) (घ) नॉमपेन्ह (कंबोडिया)

530. बेनीलक्स (Benelux) तीन पश्चिमी यूरोपीय देशों का एक व्यापारिक संघ है। इनमें से कौन सा देश इसका सदस्य नहीं है?

(क) नीदरलैंड्स (ख) लक्जमबर्ग
(ग) बेल्जियम (घ) बेलारूस

उत्तर के लिए कृपया पृष्ठ सं. 176 देखें।

531. कैरेबियाई समुदाय (caricom) की स्थापना किस वर्ष हुई थी?

(क) वर्ष 1973 में (ख) वर्ष 1978 में

(ग) वर्ष 1983 में (घ) वर्ष 1987 में

532. 'बिम्सटेक' (bimstec) जिसका शब्द विस्तार—'बे बंगाल इनीशिएटिव फॉर मल्टीसेक्टरल टेक्नीकल एंड इकोनॉमिक को-ऑपरेशन' है। इनमें से कौन सा देश इसका सदस्य नहीं है?

(क) थाइलैंड (ख) बँगलादेश

(ग) भारत (घ) मलेशिया

533. 'सिका' (CICA) अर्थात् 'एशिया में संपर्क एवं विश्वास बढ़ाने के उपायों पर सम्मेलन है। 'सिका' का प्रथम शिखर सम्मेलन वर्ष 2002 में कहाँ आयोजित हुआ था?

(क) काहिरा (मिस्र) (ख) ताशकंद (उज्बेकिस्तान)

(ग) अलमाटी (कजाकिस्तान) (घ) दुशानबे (ताजिकिस्तान)

534. 'सिका' (CICA) का एकमात्र कौन सा देश सदस्य है, जो अफ्रीका से है?

(क) लाइबेरिया (ख) दक्षिण अफ्रीका

(ग) लीबिया (घ) मिस्र

535. 'स्वतंत्र राज्यों के राष्ट्रकुल' (Commanwealth of Independent States—CIS) का मुख्यालय कहाँ अवस्थित है?

(क) मॉस्को (रूस) (ख) मिंस्क (बेलारूस)

(ग) अशगांबात (तुर्कमेनिस्तान) (घ) ताशकंद (उज्बेकिस्तान)

536. वर्तमान में 'राष्ट्रमंडल' के कुल सदस्य देशों की संख्या कितनी है?

(क) 45 (ख) 48

(ग) 51 (घ) 54

537. राष्ट्रमंडल शासनाध्यक्षों का सम्मेलन (chogm) नई दिल्ली (भारत) में किस वर्ष संपन्न हुआ था?

(क) वर्ष 1983 में (ख) वर्ष 1985 में

(ग) वर्ष1987 में (घ) वर्ष 1991 में

उत्तर के लिए कृपया पृष्ठ सं. 176 देखें।

538. राष्ट्रमंडल के महासचिव (वर्ष 2008 में) चुने जानेवाले पहले भारतीय कौन हैं?

(क) बॉबी जिंदल (ख) कमलेश शर्मा

(ग) शीलकांत शर्मा (घ) लॉर्ड स्वराज पॉल

539. 'विज्ञान एवं विश्व मामलों पर पगवाश सम्मेलन' (Pugwash Conference on Science & World Affairs) का प्रथम सम्मेलन वर्ष 1957 में कहाँ आयोजित हुआ था?

(क) मिन्नोब्रुक (यू.एस.ए.) (ख) लंदन (ब्रिटेन)

(ग) नोवा स्कोरिया (कनाडा) (घ) पेरिस (फ्रांस)

540. युद्ध या आपदा के दौरान पीड़ित लोगों को राहत देने के उद्‌देश्य से (वर्ष 1863 में) किसके प्रयासों से 'अंतरराष्ट्रीय रेडक्रॉस समिति' (ICRC) की स्थापना हुई थी?

(क) जिम ओ नील (ख) चिका विटेकर

(ग) हेनरी दुनांत (घ) पीटर बेनसन

541. 'इंटरपोल' अर्थात् 'अंतरराष्ट्रीय आपराधिक पुलिस संगठन' का मुख्यालय कहाँ अवस्थित है?

(क) पेरिस (फ्रांस) (ख) लंदन (ब्रिटेन)

(ग) लियोन (फ्रांस) (घ) रोम (इटली)

542. 'मर्कोसुर' (Mercosur) किस महाद्वीप के राष्ट्रों का एक साझा बाजार है?

(क) उत्तरी अमेरिका (ख) यूरोप

(ग) दक्षिणी अमेरिका (घ) एशिया

543. वर्तमान में (वर्ष 2012 तक) 'गुटनिरपेक्ष आंदोलन (NAM) के कुल सदस्य देशों की संख्या कितनी है?

(क) 106 (ख) 108

(ग) 112 (घ) 118

544. गुटनिरपेक्ष आंदोलन (NAM) का कौन सा शिखर-सम्मेलन वर्ष 1983 में भारत (नई दिल्ली में) संपन्न हुआ था?

(क) तीसरा शिखर सम्मेलन (ख) पाँचवाँ शिखर सम्मेलन

(ग) छठा शिखर सम्मेलन (घ) सातवाँ शिखर सम्मेलन

उत्तर के लिए कृपया पृष्ठ सं. 176-177 देखें।

545. गुटनिरपेक्ष आंदोलन का सोलहवाँ शिखर सम्मेलन वर्ष 2012 में कहाँ आयोजित हुआ है?

(क) शर्म-अल-शेख (मिस्र) (ख) तेहरान (ईरान)

(ग) हवाना (क्यूबा) (घ) कुआलालंपुर (मलेशिया)

546. कौन सा देश 'नॉर्डिक परिषद्' (Nordic council) का सदस्य नहीं है?

(क) ब्रिटेन (ख) नॉर्वे

(ग) डेनमार्क (घ) स्वीडन

547. किस संगठन ने वर्ष 2009 में अपनी स्थापना की 60वीं वर्षगाँठ मनाई है?

(क) सेंट्रल ट्रीटी ऑर्गेनाइजेशन (सेंटो)

(ख) नॉर्थ अटलांटिक ट्रीटी ऑर्गेनाइजेशन (नाटो)

(ग) दक्षिण-पूर्वी एशियाई राष्ट्रों का संगठन (आसियान)

(घ) शंघाई सहयोग संगठन

548. इनमें से कौन से दो देश 'नाटो' के (वर्ष 2009) में नए सदस्य बने हैं?

(क) स्विट्जरलैंड और स्वीडन (ख) अल्बानिया और क्रोएशिया

(ग) आयरलैंड और ऑस्ट्रिया (घ) माल्टा और साइप्रस

549. 'नाटो' (NATO) का मुख्यालय कहाँ अवस्थित है?

(क) मैड्रिड (स्पेन)

(ख) ब्रुसेल्स (बेल्जियम)

(ग) बर्लिन (जर्मनी)

(घ) वाशिंगटन डी.सी. (सं. रा. अमेरिका)

550. परमाणु आपूर्तिकर्ता समूह (N.S.G.) के सदस्य राष्ट्रों की कुल संख्या कितनी है?

(क) 30 (ख) 35

(ग) 40 (घ) 45

551. कौन सा देश 'शंघाई सहयोग संगठन' (Shanghai Co-operation Organisation SCO) का सदस्य नहीं है?

(क) किर्गिस्तान (ख) तुर्कमेनिस्तान

(ग) कजाकिस्तान (घ) ताजिकिस्तान

उत्तर के लिए कृपया पृष्ठ सं. 177 देखें।

552. किस देश को अमेरिका ने वर्ष 2012 में 'गैर नाटो सहयोगी देश' (Non NATO Ally) का दर्जा दिया है?

(क) इराक (ख) मालदीव

(ग) अफगानिस्तान (घ) श्रीलंका

553. ऐसा कौन सा संगठन है, जिसका मुख्यालय उसके किसी सदस्य देश में नहीं है?

(क) ओपेक (ख) अरब लीग

(ग) आसियान (घ) शंघाई सहयोग संगठन

554. पेट्रोलियम निर्यातक देशों के संगठन 'ओपेक' (OPEC) का तीसरा शिखर सम्मेलन (वर्ष 2007 में) किस स्थान पर आयोजित हुआ था?

(क) कराकस (वेनेजुएला) (ख) रियाद (सऊदी अरब)

(ग) अल्जीयर्स (अल्जीरिया (घ) क्यिना (ऑस्ट्रिया)

555. दक्षिण एशियाई क्षेत्रीय सहयोग संगठन 'दक्षेस' (SAARC) का आठवाँ सदस्य (वर्ष 2007 में) कौन सा देश बना है?

(क) म्याँमार (बर्मा) (ख) अफगानिस्तान

(ग) थाइलैंड (घ) ईरान

556. कौन सा दक्षेस/सार्क (SAARC) का शिखर सम्मेलन भारत में नहीं हुआ है?

(क) दूसरा शिखर सम्मेलन (1986)

(ख) आठवाँ शिखर सम्मेलन (1995)

(ग) चौदहवाँ शिखर सम्मेलन (2007)

(घ) सोलहवाँ शिखर सम्मेलन (2010)

557. इसलामिक सम्मेलन संगठन (OIC), जिसकी स्थापना वर्ष 1971 में हुई थी, इस संगठन का मुख्यालय कहाँ अवस्थित है?

(क) जकार्ता (इंडोनेशिया) (ख) तेहरान (ईरान)

(ग) जेद्दाह (सऊदी अरब) (घ) दुबई (संयुक्त अरब अमीरात)

558. विश्व आर्थिक मंच (World Economic Forum—WEF) की स्थापना वर्ष 1971 में किसके द्वारा की गई?

(क) क्लॉस एम. श्वाब (ख) चिका विटेकर

(ग) यू.डी. कुबर्तिन (घ) हेनरी दुनांत

उत्तर के लिए कृपया पृष्ठ सं. 177 देखें।

559. दावोस, जहाँ विश्व आर्थिक मंच (WEF) का प्रति वर्ष सम्मेलन (जनवरी के अंत में) आयोजित होता है, यह इनमें से किस देश में स्थित है?
(क) जर्मनी (ख) स्विट्जरलैंड
(ग) फ्रांस (घ) संयुक्त राज्य अमेरिका

560. किस संधि के तहत 'यूरोपीय आर्थिक समुदाय' (European Economic Community—E.E.C.) की स्थापना हुई थी?
(क) लंदन की संधि, 1949 (ख) रोम की संधि, 1957
(ग) शेजन की संधि, 1985 (घ) एम्सटरडम की संधि, 2001

561. 'शेजन की संधि' (1985) के संबंध में कौन सा कथन सही है?
(क) शेंजन संधि के तहत 'यूरोपीय कोयला एवं इस्पात समुदाय (ECSC) की स्थापना हुई थी।
(ख) इसके तहत यूरोपीय संघ के सदस्यों का विस्तार किया गया।
(ग) 'शेजन संधि क्षेत्र' में शामिल देशों के नागरिकों हेतु क्षेत्र के अन्य देशों की यात्रा हेतु पासपोर्ट की अनिवार्यता नहीं है।
(घ) इस संधि के तहत यूरोपीय संघ का संविधान स्वीकार किया गया।

562. यूरोपीय आर्थिक समुदाय (E.E.C.) के तत्कालीन पाँच सदस्य राष्ट्रों ने 14 जून, 1985 को 'शेजन की संधि' की थी। यह शेजन (Schengen) क्षेत्र कहाँ स्थित है?
(क) ब्रिटेन (ख) लक्जमबर्ग
(ग) स्विट्जरलैंड (घ) रूस

563. वर्तमान में (वर्ष 2012 तक) शेजन संधि क्षेत्र में शामिल सदस्य देशों की कुल संख्या कितनी है?
(क) 20 (ख) 22
(ग) 25 (घ) 32

564. वर्ष 2008 में इनमें से कौन अति विकसित यूरोपीय देश शेंजन संधि क्षेत्र में शामिल हुआ?
(क) स्विट्जरलैंड (ख) यूनान
(ग) स्पेन (घ) फ्रांस

उत्तर के लिए कृपया पृष्ठ सं. 177 देखें।

565. किस संधि के तहत 'यूरोपीय आर्थिक समुदाय' (E.C.C.) का नाम बदलकर 'यूरोपीय संघ' (EV) कर दिया गया तथा 'यूरोपीय संघ' नए रूप में (वर्ष 1993 में) अस्तित्व में आया?

(क) मेस्ट्रिच की संधि (ख) एम्सटरडम की संधि

(ग) नीस की संधि (घ) लिस्बन की संधि

566. कौन से दो देश वर्ष 2007 में यूरोपीय संघ में सम्मिलित हुए हैं?

(क) बुल्गारिया और रोमानिया (ख) बुल्गारिया और हंगरी

(ग) स्लोवाकिया और स्विट्जरलैंड (घ) स्लोवेनिया और लिथुआनिया

567. कौन सा देश जुलाई 2013 में यूरोपीय संघ का (28वाँ) सदस्य बनेगा?

(क) साइप्रस (ख) क्रोएशिया

(ग) माल्टा (घ) एस्टोनिया

568. कौन सा देश यूरोपीय संघ का सदस्य नहीं है?

(क) डेनमार्क (ख) स्वीडन

(ग) स्विट्जरलैंड (घ) नीदरलैंड्स

569. यूरोपीय संघ का मुख्यालय कहाँ अवस्थित है?

(क) लंदन (ब्रिटेन) (ख) फ्रैंकफर्ट (जर्मनी)

(ग) स्ट्रासबर्ग (फ्रांस) (घ) ब्रुसेल्स (बेल्जियम)

570. यूरोपीय संघ (EU) के किस देश ने 'यूरो' (euro) को मुद्रा के रूप में नहीं अपनाया है?

(क) ब्रिटेन (ख) नीदरलैंड्स

(ग) इटली (घ) फ्रांस

571. भारत एवं यूरोपीय संघ के मध्य किस वर्ष से प्रतिवर्ष शिखर बैठक का आयोजन किया जा रहा है?

(क) वर्ष 2000 से (ख) वर्ष 2003 से

(ग) वर्ष 2005 से (घ) वर्ष 2007 से

572. 'लिस्बन संधि', जो 'यूरोपीय संघ सुधार संधि' के नाम से चर्चित है, पर सदस्य देशों ने हस्ताक्षर कब किए थे?

(क) 13 नवंबर, 2001 (ख) 13 दिसंबर, 2003

(ग) 13 नवंबर, 2005 (घ) 13 दिसंबर, 2007

उत्तर के लिए कृपया पृष्ठ सं. 177 देखें।

573. वर्ष 2011 में यूरो को आधिकारिक मुद्रा के रूप में अपनानेवाला (17वाँ) देश कौन बना है?

(क) एस्टोनिया (ख) लिथुआनिया

(ग) हंगरी (घ) पोलैंड

574. 'ग्रीन पीस' (Green Peace) की स्थापना अंतरराष्ट्रीय पर्यावरण संगठन के रूप में किस वर्ष की गई थी?

(क) वर्ष 1961 में (ख) वर्ष 1967 में

(ग) वर्ष 1971 में (घ) वर्ष 1977 में

575. 'ग्रीन पीस' का मुख्यालय कहाँ अवस्थित है?

(क) रोम (इटली)

(ख) पेरिस (फ्रांस)

(ग) नैरोबी (केन्या)

(घ) एम्सटरडम (नीदरलैंड्स)

576. इनमें से कौन 'जी-8' (आठ विकसित देशों के समूह) का सदस्य नहीं है?

(क) चीन (ख) कनाडा

(ग) जापान (घ) जर्मनी

577. इनमें से कौन 'जी-8' समूह का सदस्य वर्ष 1997 में बना था?

(क) जर्मनी (ख) जापान

(ग) रूस (घ) इटली

578. भारत इनमें से किस समूह का सदस्य नहीं है?

(क) सगूह-10 (ख) समूह-15

(ग) समूह-20 (घ) समूह-77

579. इनमें से कौन सा देश 'इब्सा' (IBSA) का सदस्य है?

(क) भारत (ख) ब्राजील

(ग) द. अफ्रीका (घ) उपर्युक्त सभी

580. विश्व आर्थिक मंच (WEF) की तर्ज पर 'विश्व सामाजिक मंच' (WSF) का गठन किस वर्ष किया गया था?

(क) वर्ष 1999 में (ख) वर्ष 2001 में

(ग) वर्ष 2004 में (घ) वर्ष 2005 में

उत्तर के लिए कृपया पृष्ठ सं. 177 देखें।

581. किस देश की संसद् ने (वर्ष 2002 में) एक अधिनियम द्वारा 'विश्व हिंदी सचिवालय' (World Hindi Secretariat) की स्थापना की थी?

(क) फिजी (ख) सूरीनाम

(ग) मॉरीशस (घ) गुयाना

582. किस स्थान पर 22-24 सितंबर, 2012 को नौवाँ विश्व हिंदी सम्मेलन आयोजित हुआ है?

(क) न्यूयॉर्क (सं.रा. अमेरिका) (ख) जोहांसबर्ग (द. अफ्रीका)

(ग) पारामारिबो (सूरीनाम) (घ) पोर्ट लुई (मॉरीशस)

583. विश्व व्यापार संगठन (WTO) का पूर्ववर्ती नाम क्या था?

(क) गैट (GATT)

(ख) अंकटाड (UNCTAD)

(ग) विश्व आर्थिक मंच (WEF)

(घ) आर्थिक सहयोग एवं विकास संगठन (OECD)

584. विश्व व्यापार संगठन (WTO) का आठवाँ मंत्रि-स्तरीय सम्मेलन (वर्ष 2011 में) कहाँ आयोजित हुआ?

(क) हांगकांग (चीन) (ख) कानकुन (मेक्सिको)

(ग) जेनेवा (स्विट्जरलैंड) (घ) दोहा (कतर)

585. 'टीम-9' अभिक्रम भारत और अन्य कहाँ के 8 देशों के बीच एक प्रौद्योगिक व आर्थिक सहयोग उपक्रम है?

(क) पूर्वी अफ्रीका (ख) पश्चिमी अफ्रीका

(ग) पूर्वी यूरोप (घ) पश्चिमी यूरोप

□

उत्तर के लिए कृपया पृष्ठ सं. 177 देखें।

13

राजनीतिक हत्याएँ एवं तख्ता-पलट

586. पाकिस्तान के प्रथम प्रधानमंत्री लियाकती अली खान की हत्या कब हुई थी?
(क) सन् 1950 में (ख) सन् 1951 में
(ग) सन् 1957 में (घ) सन् 1960 में

587. किस वर्ष चीनी सैनिकों के दमन-चक्र के कारण तिब्बतियों के धर्मगुरु दलाई लामा को भारत में शरण लेनी पड़ी थी?
(क) सन् 1954 में (ख) सन् 1957 में
(ग) सन् 1959 में (घ) सन् 1961 में

588. किस वर्ष बर्मा (वर्तमान में म्याँमार) में जनरल नी विन के नेतृत्व में सेना ने यू नू की सरकार का तख्ता-पलट किया था?
(क) सन् 1956 में (ख) सन् 1962 में
(ग) सन् 1968 में (घ) सन् 1972 में

589. युगांडा के तानाशाही शासक ईदी अमीन ने किस राष्ट्रपति का तख्ता-पलट (1971 में) किया था?
(क) ज्याँ बेदेल बोकासा (ख) मिल्टन ओबोती
(ग) जुआन मेनुअल डे (घ) योवेरी मुसेवेनी

590. किस वर्ष अमेरिकी राष्ट्रपति जॉन एफ. केनेडी की हत्या की गई थी?
(क) 22 नवंबर, 1961 (ख) 22 नवंबर, 1963
(ग) 21 सितंबर, 1967 (घ) 21 सितंबर, 1969

उत्तर के लिए कृपया पृष्ठ सं. 177 देखें।

591. 'अमेरिका के गांधी' कहे जानेवाले मार्टिन लूथर किंग की हत्या किस वर्ष हुई थी?
(क) सन् 1958 में (ख) सन् 1961 में
(ग) सन् 1964 में (घ) सन् 1968 में

592. अफगानिस्तान में 17 जुलाई, 1973 को किस तत्कालीन बादशाह का तख्ता-पलट हुआ था?
(क) नूर मो. तराकी (ख) जहीर शाह
(ग) मुहम्मद दाऊद (घ) हफीजुल्लाह अमीन

593. चिली में तख्ता-पलट करके सेना ने किस वर्ष वहाँ के राष्ट्रपति एलेंदे गोसंस सल्वाडोर की हत्या की थी?
(क) सन् 1973 में (ख) सन् 1977 में
(ग) सन् 1979 में (घ) सन् 1981 में

594. बँगलादेश के संस्थापक कहे जानेवाले शेख मुजीब-उर-रहमान की हत्या कब हुई थी?
(क) 15 अगस्त, 1971 (ख) 15 अगस्त, 1972
(ग) 15 अगस्त, 1973 (घ) 15 अगस्त, 1975

595. वर्ष 1977 में जुल्फिकार अली भुट्टो को अपदस्थ कर पाकिस्तान का शासक कौन बना था?
(क) अयूब खान (ख) जिया-उल-हक
(ग) याह्या खान (घ) मोहम्मद खान

596. शाह फैजल का संबंध किस खाड़ी देश से है, जिसकी हत्या 25 मार्च, 1975 को उन्हीं के भतीजे के हाथों हुई थी?
(क) ओमान (ख) बहरीन
(ग) सऊदी अरब (घ) कतर

597. मिस्र के तत्कालीन राष्ट्रपति अनवर सरात को फौजी परेड का निरीक्षण करते वक्त कब एक सैनिक ने गोली मारकर उनका कत्ल कर दिया था?
(क) 16 अक्तूबर, 1980 को (ख) 6 अक्तूबर, 1981 को
(ग) 16 अक्तूबर, 1983 को (घ) 6 अक्तूबर, 1987 को

उत्तर के लिए कृपया पृष्ठ सं. 177 देखें।

598. भारत की प्रथम महिला प्रधानमंत्री इंदिरा गांधी की हत्या कब हुई थी?
(क) 21 मई, 1980 (ख) 31 जनवरी, 1983
(ग) 31 अक्तूबर, 1984 (घ) 21 नवंबर, 1987

599. भारत के पूर्व प्रधानमंत्री राजीव गांधी की हत्या कब और कहाँ हुई थी?
(क) 20 जून, 1990 को कोलंबो में
(ख) 21 मई, 1991 को श्रीपेरुंबुदुर में
(ग) 20 जून, 1991 को मद्रास में
(घ) 21 मई, 1992 को जाफना में

600. नवाज शरीफ की सरकार को तख्ता-पलट करके परवेज मुशर्रफ पाकिस्तान के शासक कब बन बैठे?
(क) 11 सितंबर, 1998 (ख) 12 अक्तूबर, 1999
(ग) 11 नवंबर, 1999 (घ) 12 अक्तूबर, 2001

601. फिजी में 19 मई, 2000 को जॉर्ज स्पेट द्वारा तख्ता-पलट कर वहाँ के किस प्रधानमंत्री को (जो भारतीय मूल के हैं) उनके मंत्रिमंडल के सदस्यों सहित बंधक बना लिया गया था?
(क) महेंद्र चौधरी (ख) भरत जगदेव
(ग) महेश चौधरी (घ) मानवेंद्र चौधरी

602. अमेरिका और उसके सहयोगी देशों ने अफगानिस्तान में एक सैन्य काररवाई के तहत किस वर्ष तालिबान शासकों का सफाया कर दिया?
(क) वर्ष 2001 में (ख) वर्ष 2002 में
(ग) वर्ष 2003 में (घ) वर्ष 2005 में

603. विश्व में राजशाही के इतिहास की सर्वाधिक क्रूरतम घटनाओं में से एक नेपाली राजपरिवार के सदस्यों की सामूहिक हत्या कब घटित हुई थी?
(क) 1 अप्रैल, 2000 को (ख) 1 जून, 2001 को
(ग) 1 जून, 2002 को (घ) 1 मई, 2003 को

604. किस देश के प्रधानमंत्री की हत्या वर्ष 2003 में कर दी गई थी?
(क) सर्बिया (ख) स्लोवेनिया
(ग) श्रीलंका (घ) चेक गणराज्य

उत्तर के लिए कृपया पृष्ठ सं. 177 देखें।

605. 9 मई, 2004 को बम विस्फोट में मारे गए चेचन्या के राष्ट्रपति कौन थे?
(क) मिखाइल फ्रादकोव
(ख) जोरान जिंदाजिक
(ग) क्वितोर खितेंको
(घ) अखमद कादिरोव

606. इराक के तत्कालीन राष्ट्रपति सद्दाम हुसैन की कारगुजारियों से रुष्ट होकर अमेरिका ने कब इराक के विरुद्ध युद्ध छेड़ा था?
(क) 20 मार्च, 2001 (ख) 20 मार्च, 2002
(ग) 20 मार्च, 2003 (घ) 20 मार्च, 2004

607. अमेरिकी नेतृत्ववाली गठबंधन सेना ने सद्दाम हुसैन को कब और कहाँ गिरफ्तार किया था?
(क) 20 मार्च, 2003 को बगदाद में
(ख) 22 मार्च, 2003 को दुजैल में
(ग) 14 सितंबर, 2003 को अल बसरा में
(घ) 14 दिसंबर, 2003 को तिकरित में

608. इराक के अपदस्थ राष्ट्रपति सद्दाम हुसैन को फाँसी पर कब लटकाया गया था?
(क) 14 दिसंबर, 2003 (ख) 30 दिसंबर, 2005
(ग) 14 दिसंबर, 2005 (घ) 30 दिसंबर, 2006

609. फिजी के किस प्रधानमंत्री को एक सैनिक क्रांति में 5 दिसंबर, 2006 को अपदस्थ किया गया?
(क) महेंद्र चौधरी
(ख) लाईसेनिया करासे
(ग) रातू सर किमशेश्ते
(घ) जॉर्ज स्पेट

610. इनमें से कब थाईलैंड के प्रधानमंत्री थकसिन शिनावात्रा को रक्तहीन सैनिक क्रांति में अपदस्थ किया गया था?
(क) 19 सितंबर, 2005 (ख) 19 सितंबर, 2006
(ग) 19 दिसंबर, 2006 (घ) 19 दिसंबर, 2007

उत्तर के लिए कृपया पृष्ठ सं. 177-178 देखें।

611. स्वतंत्र फिलिस्तीन राष्ट्र की स्थापना हेतु चार दशकों से इजराइल के विरुद्ध संघर्षरत रहे 'फिलिस्तीनी मुक्ति संगठन' (PLO) के अध्यक्ष यासर अराफात का निधन कब और कहाँ हुआ था?
(क) 11 नवंबर, 2003 को काहिरा में
(ख) 11 नवंबर, 2004 को पेरिस में
(ग) 11 नवंबर, 2005 को रामल्ला में
(घ) 11 नवंबर, 2006 को ओस्लो में

612. पाकिस्तान में चुनाव प्रचार के दौरान कब और कहाँ पूर्व प्रधानमंत्री बेनजीर भुट्टो की हत्या हुई थी?
(क) 21 अप्रैल, 2007 को कराची में
(ख) 27 दिसंबर, 2007 को रावलपिंडी में
(ग) 10 सितंबर, 2008 को इसलामाबाद में
(घ) 9 मार्च, 2008 को लाहौर में

613. भारत के पड़ोसी देश नेपाल में 240 वर्षों से चली आ रही राजशाही कब समाप्त हो गई थी?
(क) 28 मई, 2007 को (ख) 28 मई, 2008 को
(ग) 19 जून, 2008 को (घ) 19 जून, 2009 को

614. पश्चिम अफ्रीकी देश गिनी में किस तानाशाही राष्ट्रपति के निधन (दिसंबर 2008) के पश्चात् सेना ने विद्रोह कर सत्ता पर नियंत्रण कर लिया था?
(क) रॉबर्ट मुगाबे (ख) लनसाना कोटे
(ग) योवेरी मुसेवेनी (घ) नगुईमा म्बासागो

615. किस मध्य अमेरिकी राष्ट्र में सेना ने राष्ट्रपति मैनुएल जिलाया की सरकार का तख्ता जून 2009 में पलट दिया?
(क) कोस्टारिका (ख) ग्वाटेमाला
(ग) निकारगुआ (घ) होंडुरास

616. भ्रष्टाचार के आरोपों में घिरे किस देश के पूर्व राष्ट्रपति रोह-मू-हाइन ने 23 मई, 2009 को आत्महत्या कर ली थी?
(क) थाईलैंड (ख) दक्षिण कोरिया
(ग) फिलीपींस (घ) वियतनाम

उत्तर के लिए कृपया पृष्ठ सं. 178 देखें।

617. उत्तरी कोरिया के सर्वोच्च नेता (तानाशाही) किम जोंग इल का निधन कब हुआ था?

(क) 17 फरवरी, 2010 को (ख) 17 जुलाई, 2010 को
(ग) 17 जुलाई, 2011 को (घ) 17 दिसंबर, 2011 को

618. पाकिस्तान में पंजाब के गवर्नर सलमान तासीर को ईश निंदा कानून की खिलाफत करने के कारण उनके ही सुरक्षा गार्ड ने कब उनकी हत्या कर दी?

(क) 4 जून, 2010 (ख) 4 जनवरी, 2011
(ग) 4 जुलाई, 2011 (घ) 4 जनवरी, 2012

619. म्याँमार की सैन्य सरकार ने लोकतंत्र की प्रबल समर्थक नेता आंग सान सू की को कब नजरबंदी से रिहा किया है?

(क) 13 दिसंबर, 2009 को (ख) 13 जुलाई, 2010 को
(ग) 13 नवंबर, 2010 को (घ) 13 सितंबर, 2011 को

620. वर्ष 2011 में विश्व के किस देश में सबसे पहले 'अरब वसंत' का उद्घाटन हुआ?

(क) मिस्र (ख) ट्यूनीशिया
(ग) लीबिया (घ) यमन

621. ट्यूनीशिया में जन विद्रोह के बाद (जनवरी 2011) राष्ट्रपति आबिदीन बेन अली ने किस देश में शरण ली है?

(क) सऊदी अरब (ख) बहरीन
(ग) संयुक्त अरब अमीरात (घ) ओमान

622. जन विद्रोह के चलते मिस्र के राष्ट्रपति होस्नी मुबारक के 30 वर्षों के शासन का अंत कब हुआ था?

(क) 11 जनवरी, 2011 को (ख) 11 फरवरी, 2011 को
(ग) 11 जनवरी, 2012 को (घ) 11 फरवरी, 2012 को

623. पिछले 42 वर्षों से लीबिया के सत्तारूढ़ राष्ट्रपति (तानाशाही) मुअम्मर गद्दाफी 'नाटो' के हमले में कब मारा गया है?

(क) 14 जनवरी, 2011 (ख) 11 फरवरी, 2011
(ग) 20 अक्तूबर, 2011 (घ) 27 फरवरी, 2012

उत्तर के लिए कृपया पृष्ठ सं. 178 देखें।

624. यमन में पिछले 33 वर्षों से सत्तारूढ़ राष्ट्रपति अली अब्दुल्ला सालेह के विरुद्ध चल रहे जन विद्रोह के परिणामस्वरूप उन्हें सत्ता कब छोड़नी पड़ी थी?

(क) 11 फरवरी, 2011 को (ख) 27 फरवरी, 2012 को

(ग) 20 अक्तूबर, 2011 को (घ) 3 मार्च, 2012 को

625. किस अफ्रीकी देश में लोकतांत्रिक ढंग से निर्वाचित राष्ट्रपति अमादोऊ तुमानी तुरे की सरकार का तख्ता सैन्य विद्रोहियों ने मार्च 2012 में पलट दिया था?

(क) नाइजीरिया (ख) माली

(ग) नाइजर (घ) कांगो

626. पाकिस्तान के राष्ट्रपति परवेज मुशर्रफ ने राष्ट्रपति पद से त्याग-पत्र कब दिया था?

(क) 18 अगस्त, 2007 को (ख) 18 अगस्त, 2008 को

(ग) 18 अगस्त, 2009 को (घ) 18 अगस्त, 2010 को

627. दलाई लामा तेनजिन ग्यात्सो ने 'तिब्बतियों की निर्वासित सरकार' के राजनीतिक प्रमुख के पद से कब त्याग-पत्र दिया था?

(क) 10 मार्च, 2010 को (ख) 10 दिसंबर, 2010 को

(ग) 10 मार्च, 2011 को (घ) 10 मार्च, 2012 को

628. भारत के किस पड़ोसी देश के लोकतांत्रिक ढंग से निर्वाचित राष्ट्रपति मोहम्मद नशीद को 7 फरवरी, 2012 को विवादास्पद परिस्थितियों में राष्ट्रपति पद से त्यागपत्र देना पड़ा है?

(क) भूटान (ख) श्रीलंका

(ग) मालदीव (घ) बँगलादेश

□

उत्तर के लिए कृपया पृष्ठ सं. 178 देखें।

14

आतंकवाद

629. अमेरिका के न्यूयॉर्क स्थित 'वर्ल्ड ट्रेड सेंटर' के ट्विन टावर्स पर आतंकी हमला कब हुआ था?

(क) 9 सितंबर, 1999 (ख) 11 सितंबर, 2000

(ग) 9 नवंबर, 2000 (घ) 11 सितंबर, 2001

630. संयुक्त राज्य अमेरिका में (9/11) आतंकी हमले का मास्टर माइंड एवं अल कायदा का प्रमुख सरगना ओसामा बिन लादेन कब और कहाँ मारा गया?

(क) 1 जून, 2010 को रावलपिंडी में

(ख) 1 मई, 2011 को एबटाबाद में

(ग) 1 नवंबर, 2011 को पेशावर में

(घ) 1 मई, 2012 को काबुल में

631. परमाणु शक्ति के अवैध प्रसार, तस्करी एवं आतंकवादियों के हाथ पड़ने से उत्पन्न खतरों से सुरक्षा पर विचार करने हेतु 13 अप्रैल, 2010 को नाभिकीय सुरक्षा शिखर सम्मेलन कहाँ संपन्न हुआ?

(क) न्यूयॉर्क (ख) टोकियो

(ग) वाशिंगटन (घ) लंदन

632. अमेरिका ने अफगानिस्तान से तालिबानी शासन का अंत करने के लिए (वर्ष 2001 में) कौन सा ऑपरेशन चलाया था?

(क) ऑपरेशन एंडयोरिंग फ्रीडम (ख) ऑपरेशन सलाम

(ग) ऑपरेशन ब्लैक थंडर (घ) ऑपरेशन सुकून

उत्तर के लिए कृपया पृष्ठ सं. 178 देखें।

633. इराक में सद्दाम हुसैन के साम्राज्य को नेस्तनाबूद करने हेतु अमेरिका ने (वर्ष 2003 में) कौन सा ऑपरेशन चलाया?

(क) ऑपरेशन इराकी फ्रीडम

(ख) ऑपरेशन रेड डॉन

(ग) ऑपरेशन एंडयोरिंग फ्रीडम

(घ) ऑपरेशन डेजर्ट स्टॉर्म

634. किस देश की गुप्तचर संस्था का नाम 'के.जी.बी.' है?

(क) चीन (ख) रूस

(ग) हंगरी (घ) क्यूबा

635. जापान की प्रमुख खुफिया एजेंसी कौन सी है?

(क) ब्यूरो ऑफ स्टेट सिक्यूरिटी (ख) एस.डी.ई.सी.ई.

(ग) नाइचो (घ) बी.एन.डी.

636. संयुक्त राज्य अमेरिका की दो प्रमुख गुप्तचर एजेंसियाँ कौन सी हैं?

(क) रिसर्च एंड एनालिसिस विंग (रॉ) एवं इंटेलीजेंस ब्यूरो (आई.बी.)

(ख) सेंट्रल इंटेलिजेंस एजेंसी (सी.आई.ए.) एवं फेडरल ब्यूरो ऑफ इन्वेस्टिगेशन (एफ.बी.आई.)

(ग) बी.एन.डी. और डी.जी.आई.

(घ) एम.आई. और जॉइंट इंटेलीजेंस ऑर्गेनाइजेशन

637. भारत के किस पड़ोसी देश की गुप्तचर एजेंसी 'इंटर सर्विसेज इंटेलीजेंस, (आई.एस.आई.) है?

(क) श्रीलंका (ख) पाकिस्तान

(ग) बँगलादेश (घ) नेपाल

638. विश्व के प्रमुख देशों एवं उनकी गुप्तचर एजेंसियों के जोड़े में कौन सा जोड़ा गलत है?

	देश	गुप्तचर एजेंसी/ संस्थाएँ
(क)	इजराइल	मोसाद
(ख)	चीन	सेंट्रल एक्सर्नल लेजो डिपार्टमेंट
(ग)	फ्रांस	एस.डी.ई.सी.ई.
(घ)	मिस्त्र	अल मुखबरात

उत्तर के लिए कृपया पृष्ठ सं. 178 देखें।

639. 'हिजबुल्लाह' किस देश का प्रमुख आतंकवादी/उग्रवादी संगठन है?
(क) लेबनान (ख) लीबिया
(ग) लाइबेरिया (घ) लाओस

640. अमेरिका का प्रमुख उग्रवादी संगठन कौन सा है?
(क) कु क्लुक्स क्लान (के.के.के.)
(ख) सराजो
(ग) नेशनल लिबरेशन आर्मी
(घ) ई.टी.ए

641. जर्मनी का प्रमुख उग्रवादी संगठन है कौन सा?
(क) रेड ब्रिगेड्स (ख) खमेर रुज
(ग) रेड आर्मी गुट (घ) सिनफेन

642. श्रीलंका में तमिलों हेतु अलग 'तमिल ईलम' के गठन के लिए तीन दशकों से हिंसक आंदोलन चला रहे 'लिबरेशन टाइगर्स ऑफ तमिल ईलम' (लिट्टे) (LTTE) का प्रमुख वेलु पिल्लई प्रभाकरन कब मारा गया?
(क) 15 जून, 2008
(ख) 18 मई, 2009
(ग) 10 मई, 2010
(घ) 11 जनवरी, 2011

643. अमेरिका के तत्कालीन राष्ट्रपति जॉर्ज बुश ने (वर्ष 2000 में) किन तीन देशों को 'शैतानियत की धुरी' (Axisofevil) कहा था?
(क) फिलिस्तीन, ईरान एवं इराक
(ख) उत्तरी कोरिया, ईरान एवं इराक
(ग) क्यूबा, सीरिया एवं इराक
(घ) लीबिया, ईरान एवं जिंबाब्वे

644. किस देश का विवादित परमाणु वैज्ञानिक अब्दुल कादिर खान है, जिस पर ईरान, लीबिया एवं उत्तरी कोरिया को अवैध तरीके से परमाणु तकनीक बेचने का आरोप है?
(क) मिस्र (ख) सीरिया
(ग) पाकिस्तान (घ) इंडोनेशिया

उत्तर के लिए कृपया पृष्ठ सं. 178 देखें।

645. इनमें से किस देश में हेमा तथा लेंडु समुदाय के बीच जातीय हिंसा के कारण पिछले वर्षों में हजारों लोग मारे जा चुके हैं?
(क) कीनिया (ख) कांगो लोकतांत्रिक गणराज्य
(ग) नाइजीरिया (घ) रवांडा

646. बास्क समुदाय के लोग, जो अपनी अलगाववादी गतिविधियों के कारण प्राय: चर्चा में रहते हैं, कहाँ रहते हैं?
(क) डेनमार्क (ख) फ्रांस
(ग) स्पेन (घ) इटली

647. इराक से अमेरिकी सैनिकों की पूर्ण वापसी कब हुई है?
(क) 18 नवंबर, 2009 (ख) 18 अप्रैल, 2010
(ग) 18 अप्रैल, 2011 (घ) 18 दिसंबर, 2011

648. वर्ष 2010 में परमाणु हथियारों के जखीरे में कटौती हेतु किन दो देशों के मध्य 'स्टार्ट' (START—Strategic Arms Reduction Treaty) संधि हुई है?
(क) चीन एवं रूस (ख) अमेरिका एवं रूस
(ग) भारत एवं रूस (घ) अमेरिका एवं चीन

649. भारत ने पहला परमाणु परीक्षण किस वर्ष किया था?
(क) सन् 1974 में (ख) सन् 1984 में
(ग) सन् 1994 में (घ) सन् 1998 में

650. पाकिस्तान ने पहला परमाणु परीक्षण किस वर्ष किया था?
(क) सन् 1988 में (ख) सन् 1998 में
(ग) सन् 1999 में (घ) सन् 2001 में

651. उत्तरी कोरिया ने पहला परमाणु परीक्षण कब किया था?
(क) 10 नवंबर, 2005 को (ख) 9 अक्तूबर, 2006 को
(ग) 7 सितंबर, 2009 को (घ) 19 अक्तूबर, 2012 को

652. 3 से 28 मई, 2010 को परमाणु अप्रसार संधि—एन.पी.टी. (NPT) समीक्षा सम्मेलन कहाँ संपन्न हुआ?
(क) बर्लिन (ख) मॉस्को
(ग) न्यूयॉर्क (घ) वाशिंगटन डी.सी.

उत्तर के लिए कृपया पृष्ठ सं. 178 देखें।

653. परमाणु आपूर्तिकर्ता समूह (NSG), परमाणु तकनीक और साज-सामान की आपूर्ति करनेवाले देशों का संगठन है। किस वर्ष इस समूह की स्थापना हुई थी?

(क) वर्ष 1968 में (ख) वर्ष 1974 में

(ग) वर्ष 1978 में (घ) वर्ष 1984 में

654. कौन सा देश वर्ष 2004 में परमाणु आपूर्तिकर्ता समूह (NSG) में सम्मिलित हुआ है?

(क) भारत (ख) स्विट्जरलैंड

(ग) चीन (घ) ब्राजील

655. किस वर्ष भारत का अमेरिका के साथ ऐतिहासिक नागरिक परमाणु समझौता हुआ है?

(क) वर्ष 2001 में (ख) वर्ष 2003 में

(ग) वर्ष 2006 में (घ) वर्ष 2009 में

656. व्यापक परमाणु परीक्षण प्रतिबंध संधि (CTBT) विश्व भर के किए जानेवाले सभी प्रकार के परमाणु परीक्षणों पर रोक लगाने के उद्देश्य से लाई गई संधि है। इस संधि को किस वर्ष संयुक्त राष्ट्र महासभा ने स्वीकार किया था?

(क) वर्ष 1993 (ख) वर्ष 1996

(ग) वर्ष 1998 (घ) वर्ष 2001

657. सी.टी.बी.टी. संधि को लागू होने के लिए विश्व के कितने उन देशों द्वारा पुष्टि किया जाना आवश्यक है, जिनके पास परमाणु शस्त्र, परमाणु क्षमता तथा परमाणु रिएक्टर उपलब्ध हैं?

(क) 34 देशों द्वारा (ख) 44 देशों द्वारा

(ग) 48 देशों द्वारा (घ) 54 देशों द्वारा

658. वर्ष 2012 तक किन देशों ने सी.टी.बी.टी. संधि का अनुमोदन नहीं किया है?

(क) भारत तथा पाकिस्तान

(ख) अमेरिका, चीन तथा इजराइल

(ग) ईरान, मिस्र तथा उत्तरी कोरिया

(घ) उपर्युक्त सभी

उत्तर के लिए कृपया पृष्ठ सं. 178 देखें।

659. इराक के बगदाद के निकट स्थित अबू गरीब जेल (वर्ष 2004 में) क्यों खबरों में आया था?

(क) शांति के लिए (ख) उत्पीड़न के लिए

(ग) संधि के लिए (घ) अति पिछड़ेपन के लिए

660. किन दो देशों के बीच ऐतिहासिक मकदूनिया क्षेत्र की दावेदारी विवाद का कारण रही है?

(क) बुल्गारिया और यूनान (ख) हंगरी और पुर्तगाल

(ग) हंगरी और रूमानिया (घ) यूनान और स्पेन

661. किस देश ने द्वितीय विश्व युद्ध के बाद (वर्ष 2006 में) रक्षा मंत्रालय का गठन किया है?

(क) जर्मनी (ख) फ्रांस

(ग) जापान (घ) चीन

662. पाकिस्तान की 'स्वात घाटी' क्यों चर्चा में रही है?

(क) शांति का क्षेत्र होने के कारण

(ख) कच्चे तेल के कारण

(ग) तालिबान के आतंक के कारण

(घ) बगलिहार बिजली परियोजना के कारण

□

उत्तर के लिए कृपया पृष्ठ सं. 178 देखें।

15

जनसंख्या

663. विश्व के सर्वाधिक जनसंख्यावाले देश चीन में विश्व की कितने प्रतिशत जनसंख्या (वर्ष 2011 तक) निवास करती है?
(क) 17.4 प्रतिशत (ख) 19.4 प्रतिशत
(ग) 22.4 प्रतिशत (घ) 25.4 प्रतिशत

664. विश्व का सर्वाधिक जनसंख्या घनत्व वाला देश कौन सा है?
(क) बँगलादेश (ख) दक्षिण कोरिया
(ग) चीन (घ) ताइवान

665. विश्व में (वर्ष 2005 में) जनसंख्या की दृष्टि से सबसे बड़ा महानगर कौन सा है?
(क) मुंबई (ख) मेक्सिको सिटी
(ग) मॉस्को (घ) शंघाई

666. विश्व के जनसंख्यानुसार महाद्वीपों का सही अवरोही क्रम क्या है?
(क) एशिया, अफ्रीका, उत्तरी अमेरिका, यूरोप
(ख) एशिया, अफ्रीका, यूरोप, उत्तरी अमेरिका
(ग) एशिया, अफ्रीका, दक्षिणी अमेरिका, उत्तरी अमेरिका
(घ) अफ्रीका, एशिया, यूरोप, उत्तरी अमेरिका

667. जनसंख्या की दृष्टि से विश्व का सबसे छोटा स्वतंत्र देश कौन सा है?
(क) तुचसनु (ख) नारू
(ग) बेटिकन सिटी (घ) पलाऊ

उत्तर के लिए कृपया पृष्ठ सं. 178-179 देखें।

668. विश्व की कितने प्रतिशत जनसंख्या नगरीय है?
(क) 38 प्रतिशत (ख) 48 प्रतिशत
(ग) 58 प्रतिशत (घ) 65 प्रतिशत

669. विश्व के किस देश की जनसंख्या चीन तथा भारत के बाद सर्वाधिक है?
(क) अमेरिका (ख) ब्राजील
(ग) इंडोनेशिया (घ) पाकिस्तान

670. वर्ष 2011 की (15वीं) जनगणना के अनुसार, भारत की कुल जनसंख्या कितनी है?
(क) 101.02 करोड़ (ख) 111.2 करोड़
(ग) 121.02 करोड़ (घ) 131.2 करोड़

671. विश्व की लगभग कितने प्रतिशत जनसंख्या भारत में निवास करती है?
(क) 16.5 प्रतिशत (ख) 17.5 प्रतिशत
(ग) 19.5 प्रतिशत (घ) 20.5 प्रतिशत

672. भारत की कुल जनसंख्या विश्व के किन देशों के लगभग बराबर है?
(क) अमेरिका, इंडोनेशिया, ब्राजील
(ख) पाकिस्तान, बँगलादेश, जापान
(ग) उपर्युक्त 'क' एवं 'ख' दोनों
(घ) उपर्युक्त में से कोई नहीं

673. विश्व के ऐसे कौन से मात्र चार देश है जिनकी जनसंख्या भारत के सर्वाधिक जनसंख्यावाले राज्य उत्तर प्रदेश से भी अधिक है?
(क) चीन, अमेरिका, पाकिस्तान, ब्राजील
(ख) चीन, अमेरिका, इंडोनेशिया, ब्राजील
(ग) चीन, अमेरिका, इंडोनेशिया, बँगलादेश
(घ) चीन, अमेरिका, पाकिस्तान, रूस

674. भारत का कौन सा नगरीय केंद्र विश्व के सबसे अधिक जनसंख्या (वर्ष 2010) वाले 10 शहरों में से एक है?
(क) कोलकाता (ख) मुंबई
(ग) नई दिल्ली (घ) चेन्नई

उत्तर के लिए कृपया पृष्ठ सं. 179 देखें।

675. वर्ष 2011 की जनगणना के अनुसार, भारत की नगरीय जनसंख्या का प्रतिशत कितना है?

(क) 68.20 प्रतिशत (ख) 31.80 प्रतिशत

(ग) 58.20 प्रतिशत (घ) 41.80 प्रतिशत

676. किस वर्ष विश्व की जनसंख्या मात्र 1 अरब (100 करोड़) थी?

(क) वर्ष 1800 (ख) वर्ष 1870 में

(ग) वर्ष 1900 में (घ) वर्ष 1930 में

677. विश्व की जनसंख्या ने कब 5 अरब के बिंदु को पार किया था?

(क) 11 जुलाई, 1987 (ख) 21 जून, 1989

(ग) 31 अक्तूबर, 1993 (घ) 12 अक्तूबर, 1999

678. इनमें से किस तिथि को प्रतिवर्ष 'विश्व जनसंख्या दिवस' के रूप में मनाया जाता है?

(क) 10 जनवरी (ख) 11 जुलाई

(ग) 12 अक्तूबर (घ) 31 अक्तूबर

679. संयुक्त राष्ट्र जनसंख्या कोष (UNPF) के अनुसार, कब और कहाँ 7 अरबवाँ (700 करोड़वाँ) वाला बच्चा पैदा हुआ है?

(क) 12 अक्तूबर, 2011 को रूस में

(ख) 31 अक्तूबर, 2011 को फिलीपींस में

(ग) 11 जुलाई, 2012 को चीन में

(घ) 31 अक्तूबर, 2012 को भारत में

680. विश्व के किस देश द्वारा जनसंख्या नियंत्रण हेतु 'प्रति परिवार एक बच्चे की नीति' अपनाई गई है?

(क) अमेरिका (ख) जापान

(ग) रूस (घ) चीन

681. इनमें किस देश की जनसंख्या सबसे अधिक है?

(क) बँगलादेश (ख) नाइजीरिया

(ग) जापान (घ) रूस

□

उत्तर के लिए कृपया पृष्ठ सं. 179 देखें।

16

भाषा

682. विश्व में (वर्ष 2008 तक) कुल लगभग कितनी भाषाएँ बोली जाती हैं?
(क) 1,751 भाषाएँ
(ख) 2,796 भाषाएँ
(ग) 3,417 भाषाएँ
(घ) 4,796 भाषाएँ

683. संयुक्त राष्ट्र संघ की कुल 6 आधिकारिक भाषाएँ हैं। किस भाषा को वर्ष 1973 में संयुक्त राष्ट्र संघ की आधिकारिक भाषा का दर्जा दिया गया था?
(क) स्पेनिश (ख) अरबी
(ग) चीनी (घ) फ्रेंच

684. विश्व में (वर्ष 2010 तक) किस भाषा के बोलनेवालों की संख्या सर्वाधिक है?
(क) चीनी (ख) अंग्रेजी
(ग) स्पेनिश (घ) हिंदी

685. चीनी भाषा को किस नाम से जाना जाता है?
(क) शंघारिन (ख) तवाइरिन
(ग) मंदारिन (घ) चिंदारिन

686. विश्व के लगभग कितने देशों में हिंदी का या तो जीवन के विविध क्षेत्रों में प्रयोग होता है अथवा हिंदी का अध्ययन-अध्यापन होता है?
(क) 63 देशों में (ख) 73 देशों में
(ग) 83 देशों में (घ) 93 देशों में

उत्तर के लिए कृपया पृष्ठ सं. 179 देखें।

687. विश्व की भाषाओं को बोलनेवाले लोगों की संख्या का सही अवरोही क्रम क्या है?

(क) स्पेनिश-अरबी-फ्रेंच

(ख) स्पेनिश-फ्रेंच-अरबी

(ग) फ्रेंच-अरबी-स्पेनिश

(घ) अरबी-स्पेनिश-पुर्तगाली

688. विश्व में इन भाषाओं में से किस एक को सर्वाधिक बोलनेवाले लोग हैं?

(क) बँगला (ख) जापानी

(ग) जर्मन (घ) फ्रेंच

689. इन देशों में से किसमें तमिल एक प्रमुख भाषा है?

(क) सिंगापुर (ख) म्याँमार

(ग) इंडोनेशिया (घ) मॉरीशस

690. किस महाद्वीप में स्पेनिश भाषा ज्यादा बोली जाती है?

(क) अफ्रीकी महाद्वीप (ख) यूरोप महाद्वीप

(ग) अमेरिकी महाद्वीप (घ) ऑस्ट्रेलिया महाद्वीप

691. किस देश में डच भाषा बोली जाती है?

(क) लक्जेमबर्ग (ख) डेनमार्क

(ग) नीदरलैंड्स (घ) ब्रिटेन

692. विश्व के प्रमुख देशों और उनके यहाँ बोली जानेवाली भाषाओं के जोड़े में कौन जोड़ा सुमेलित नहीं है?

प्रमुख देश	**भाषाएँ**
(क) अंडोरा	केटालन
(ख) तुर्कमेनिस्तान	ताभिक
(क) ब्रुनेई	मलय
(ग) बहरीन	अरबी

693. दक्षिण अमेरिकी महाद्वीप के किस देश में डच भाषा बोली जाती है?

(क) सूरीनाम (ख) चिली

(ग) वेनेजुएला (घ) फ्रेंच गुयाना

उत्तर के लिए कृपया पृष्ठ सं. 179 देखें।

694. एशिया के किस देश में 'दिवेही' भाषा बोली जाती है?
(क) म्याँमार (बर्मा) (ख) थाइलैंड
(ग) मालदीव (घ) वियतनाम

695. विश्व के किस देश में अरबी प्रमुख भाषा नहीं है?
(क) सीरिया (ख) लाओस
(ग) वियतनाम (घ) जॉर्डन

696. इनमें से किस देश की प्रमुख भाषा जर्मन है?
(क) ऑस्ट्रिया (ख) जॉर्जिया
(ग) पोलैंड (घ) लातीविया

697. इनमें से कौन सी भाषा विश्व में अधिक लोगों के द्वारा बोली जाती है?
(क) वियतनामी (ख) कोरियाई
(ग) इटैलियन (घ) जर्मन

698. कौन सी भाषा बोलनेवाले लोगों की संख्या विश्व में सीमित/ कम है?
(क) बँगला (ख) रूसी
(ग) पुर्तगाली (घ) तुर्की

699. भारत के किस पड़ोसी देश में सिंहली भाषा बोली जाती है?
(क) श्रीलंका (ख) भूटान
(ग) नेपाल (घ) बँगलादेश

700. कंबोडिया देश में कौन सी प्रमुख भाषा बोली जाती है?
(क) अरबी (ख) फारसी
(ग) हिब्रू (घ) खमेर

701. किस देश में फारसी भाषा बोली जाती है?
(क) बँगलादेश (ख) ईरान
(ग) कुवैत (घ) इंडोनेशिया

702. प्रतिवर्ष किस दिन 'अंतरराष्ट्रीय साक्षरता दिवस' के रूप में मनाया जाता है ?
(क) 8 सितंबर (ख) 3 अक्तूबर
(ग) 1 दिसंबर (घ) 12 जून

उत्तर के लिए कृपया पृष्ठ सं. 179 देखें।

703. विश्व का देश कौन सा शत-प्रतिशत साक्षरतावाला देश है?

(क) नॉर्वे (ख) लक्जमबर्ग

(ग) डेनमार्क (घ) उपर्युक्त सभी

704. विश्व का न्यूनतम साक्षरतावाला देश (वर्ष 2010 तक) कौन सा है?

(क) इराक (ख) अफगानिस्तान

(ग) नाइजर (घ) सिएरा लियोन

□

उत्तर के लिए कृपया पृष्ठ सं. 179 देखें।

17

धर्म

705. किस धर्म के माननेवालों की संख्या विश्व में सर्वाधिक है?
(क) हिंदू धर्म (ख) इसलाम धर्म
(ग) ईसाई धर्म (घ) बौद्ध धर्म

706. किस धार्मिक ग्रंथ के दो भाग—'ओल्ड टेस्टामेंट' तथा 'न्यू टेस्टामेंट' हैं?
(क) कुरान (ख) तोरा
(ग) रामायण (घ) बाइबिल

707. किस धर्म का पवित्र धार्मिक ग्रंथ 'तोरा' है, जिसमें उस धर्म के नियम-कानून एवं शिक्षा का वर्णन किया गया है?
(क) इसलाम धर्म (ख) यहूदी धर्म
(ग) पारसी धर्म (घ) बहाई धर्म

708. इसलाम धर्म, जिसकी स्थापना हजरत मुहम्मद ने की थी, उनका जन्म (570 ई. में) कहाँ हुआ था?
(क) येरूशलम (इजराइल) (ख) बगदाद (इराक)
(ग) शारजाह (सं.अ. अमीरात) (घ) मक्का (सऊदी अरब)

709. 'शिंतो', जिसका शाब्दिक अर्थ है,—'आत्मा का मार्ग', अर्थात् ईश्वर के पास जाने का मार्ग। 'शिंतो' किस देश की एक विशिष्ट नस्ल के लोगों का एक धर्म है?
(क) चीन (ख) दक्षिण कोरिया
(ग) जापान (घ) थाइलैंड

उत्तर के लिए कृपया पृष्ठ सं. 179 देखें।

710. किसने पारसी धर्म की स्थापना की थी?
(क) बहाउल्लाह (ख) हजरत मुहम्मद
(ग) जरथुस्त्र (घ) मिकादो

711. पारसियों का प्रमुख धर्मग्रंथ कौन सा है?
(क) जेंद अवेस्ता (ख) बाइबिल
(ग) कल्पसूत्र (घ) तोरा

712. बौद्ध धर्म के दो प्रमुख संप्रदाय कौन से हैं?
(क) रोमन कैथोलिक एवं प्रोटेस्टेंट (ख) हीनयान एवं महायान
(ग) शिया एवं सुन्नी (घ) उपर्युक्त में से कोई नहीं

713. किन दो देशों में बौद्ध धर्म के अनुयायी (माननेवाले) सबसे अधिक हैं?
(क) जापान और थाइलैंड (ख) मालदीव और श्रीलंका
(ग) भूटान और वियतनाम (घ) इंडोनेशिया और मलेशिया

714. यहूदियों के पूजा के जमघट के दर्शन करनेवाले पहले पोप कौन थे?
(क) पोप बेनिडिक्ट-16 (ख) पोप सेलेस्टिन- पंचम
(ग) पोप जॉन पॉल-द्वितीय (घ) उपर्युक्त में से कोई नहीं

715. वर्तमान में तिब्बतियों के धर्मगुरु दलाई लामा (तेनजिन ग्यात्सो) कौन से वे हैं?
(क) 11वें (ख) 13वें
(ग) 14वें (घ) 16वें

716. किस देश में वर्ष 2012 में 'भगवद्गीता' पर प्रतिबंध लगाने का अनुरोध करनेवाली याचिका खारिज कर दी गई थी?
(क) अमेरिका (ख) फ्रांस
(ग) रूस (घ) डेनमार्क

717. कौन सा देश बुरके पर प्रतिबंध लगानेवाला विश्व का पहला देश है?
(क) फ्रांस (ख) इटली
(ग) ब्रिटेन (घ) चीन

718. बौद्ध भिक्षुओं के द्वारा वर्ष 2010 में किस तिब्बती बालक को 'लीविंग बुद्ध' घोषित किया गया है?
(क) मातिने शाक्य (ख) लेसांग दोजे
(ग) इदिर्नी कोइगिजाबू (घ) लोबसांग सांग्ये

उत्तर के लिए कृपया पृष्ठ सं. 179 देखें।

719. किस देश में 'कुमारी देवी' अर्थात् 'जीवित देवी' (Child Goddess) की सदियों पुरानी परंपरा पूर्ववत् जारी है?

(क) श्रीलंका (ख) मालदीव

(ग) नेपाल (घ) भूटान

720. किस देश में हिंदुओं के अधिकारों के लिए संघर्षरत संगठन 'हिंड्राफ' (HINDRF—Hindu Rights Action Forum) पर वर्ष 2008 में प्रतिबंध लगाया गया?

(क) पाकिस्तान (ख) मलेशिया

(ग) थाइलैंड (घ) चीन

721. मदर टेरेसा ने कलकत्ता में किस मिशनरी की स्थापना की थी?

(क) मिशनरीज ऑफ वेल्फेयर (ख) मिशनरीज ऑफ लाइफ

(ग) मिशनरीज ऑफ जस्टिस (घ) मिशनरीज ऑफ चैरिटी

722. किस वर्ष समाज सेवी मदर टेरेसा को 'धन्य' (Beatified) घोषित किया गया था?

(क) वर्ष 2001 में (ख) वर्ष 2003 में

(ग) वर्ष 2006 में (घ) वर्ष 2008 में

723. कौन कैथोलिक चर्च (वेटिकन, रोम) से 'संत' का दर्जा (वर्ष 2008 में) प्राप्त करनेवाली पहली भारतीय मूल की महिला हैं?

(क) मदर टेरेसा (ख) सिस्टर निर्मला

(ग) सिस्टर मैरी प्रेमा (घ) सिस्टर अल्फोजा

724. वर्ष 2005 में पोप जॉन पॉल-II के निधन के पश्चात् 'जोसेफ रैटजिंगर' रोमन कैथोलिक के नए (265वें) पोप बने, जो बेनीडिक्ट-XVI Pope Benedict-XVI) कहलाए। वह पोप मूल रूप से किस देश के हैं?

(क) जर्मनी (ख) घाना

(ग) पोलैंड (घ) नीदरलैंड्स

725. कैथोलिक ईसाइयों के सर्वोच्च धार्मिक नेता पोप बेनेडिक्ट-XVI ने (खराब स्वास्थ्य के चलते) कब पोप के पद से इस्तीफा दे दिया था?

(क) 28 जुलाई, 2002 (ख) 8 जनवरी, 2003

(ग) 8 नवंबर, 2002 (घ) 28 फरवरी, 2013

उत्तर के लिए कृपया पृष्ठ सं. 179-180 देखें।

726. पिछले वर्षों में इन देशों में से किसने भारत में बौद्ध मंदिर के निर्माण के लिए प्रस्ताव रखा है?

(क) म्याँमार (ख) नेपाल

(ग) थाइलैंड (घ) चीन

727. मदर टेरेसा का जन्म कहाँ हुआ था?

(क) पोलैंड (ख) भारत

(ग) अल्बानिया (घ) हंगरी

728. स्वामी विवेकानंद को पाश्चात्य देशों में वर्ष 1893 में 'विश्व धर्म सम्मेलन' में दिए गए अपने भाषण के कारण ख्याति प्राप्त हुई। वह विश्व धर्म सम्मेलन विश्व के किस शहर में आयोजि हुआ था?

(क) टोरंटो (कनाडा)

(ख) लंदन (ब्रिटेन)

(ग) शिकागो (अमेरिका)

(घ) न्यूयॉर्क (अमेरिका)

729. इनमें से 'फालुन गॉन्ग' (Falun Gong) क्या है?

(क) चीन में एक आध्यात्मिक आंदोलन है

(ख) चीन में लोकतंत्र समर्थक आंदोलन है

(ग) पूर्वी जापान में एक नृजातीय अल्पसंख्यक समुदाय है

(घ) जापान का एक प्रमुख धार्मिक पर्व है

730. कट्टरपंथी धार्मिक जुनून का परिचय देते हुए तालिबान प्रशासन ने अफगानिस्तान में स्थित भगवान् बुद्ध की विशाल प्रतिमाओं को किस वर्ष ध्वस्त कर दिया था?

(क) सन् 1999 (ख) सन् 2001

(ग) सन् 2002 (घ) सन् 2003

731. किन दो देशों की सीमा पर स्थित 11वीं सदी के प्राचीन ऐतिहासिक 'प्रीत विहार मंदिर' की भूमि के स्वामित्व को लेकर विवाद चल रहा है?

(क) वियतनाम एवं मलेशिया

(ख) सिंगापुर एवं लाओस

(ग) फिलीपींस एवं हांगकांग

(घ) कंबोडिया एवं थाईलैंड

उत्तर के लिए कृपया पृष्ठ सं. 180 देखें।

732. मध्य-पूर्व का वह कौन सा एकमात्र ऐसा देश है, जहाँ ईसाई लोगों का प्रभुत्व है?

(क) बहरीन (ख) ओमान

(ग) लेबनान (घ) कतर

☐

उत्तर के लिए कृपया पृष्ठ सं. 180 देखें।

18

मीडिया

733. किसके द्वारा वर्ष 2004 में फेसबुक (Facebook) का प्रारंभ किया गया था?

(क) जूलियन असांजे (ख) मार्क जुकरबर्ग

(ग) रीड हाफमैन (घ) सगाई ब्रिन

734. वर्ष 2011 के अंत तक फेसबुक के सदस्यों की कुल संख्या लगभग कितनी थी?

(क) 70 करोड़ (ख) 75 करोड़

(ग) 80 करोड़ (घ) 90 करोड़

735. एशियाई देशों में सोशल मीडिया पर सबसे ज्यादा पाबंदी किस देश में है?

(क) चीन (ख) इंडोनेशिया

(ग) जापान (घ) उत्तरी कोरिया

736. इनमें से कौन सी सोशल नेटवर्किंग साइट्स हैं?

(क) फेसबुक (ख) ट्विटर

(ग) ऑर्कुट (घ) उपर्युक्त सभी

737. ट्विटर (Twitter) एक मुफ्त सामाजिक संजाल है। किस वर्ष जैक डोर्सी द्वारा सेवा इंटरनेट पर प्रारंभ की गई?

(क) सन् 2004 (ख) सन् 2005

(ग) सन् 2006 (घ) सन् 2009

उत्तर के लिए कृपया पृष्ठ सं. 180 देखें।

738. ट्विटर इंक (Twitter Incorporation) का मुख्यालय कहाँ अवस्थित है?
(क) बीजिंग (चीन)
(ख) टोकियो (जापान)
(ग) सैन फ्रांसिस्को (अमेरिका)
(घ) न्यूयॉर्क (अमेरिका)

739. ट्विटर में लगभग कितने अक्षरों तक पाठ्य आधारित पोस्ट (Text Post) होते हैं?
(क) 110 (ख) 120
(ग) 140 (घ) 170

740. गूगल (Google), जो इंटरनेट सर्च इंजन के रूप में लोकप्रिय है, की स्थापना वर्ष 1998 में किसके द्वारा हुई थी?
(क) सर्गेइ ब्रिन एवं लैरी पेज
(ख) रीड हाफमैन
(ग) स्टीव चेन एवं चउ हर्ले
(घ) जेरी यॉग एवं डेविड फिलो

741. याहू (Yahoo) का विस्तृत नाम क्या है?
(क) You Another Hierarchical Officions Oracle
(ख) Yet Another Hierarchical Officions Oracle
(ग) Yet Another Highest Official Organisation
(घ) You Another Highest Official Order

742. 'गूगल प्लस' (गूगल +) गूगल की एक सामाजिक नेटवर्किंग सेवा है। इनमें से इसका (गूगल +) का आरंभ कब हुआ था?
(क) 28 जनवरी, 2010 (ख) 28 सितंबर, 2010
(ग) 28 जून, 2011 (घ) 28 जून, 2012

743. ऑर्कुट (Orkut) का संचालन गूगल समूह द्वारा किया जा रहा है। इनमें से आर्कुट का सर्वाधिक प्रयोग किस देश में हो रहा है?
(क) चीन (ख) ब्राजील
(ग) जापान (घ) ब्रिटेन

उत्तर के लिए कृपया पृष्ठ सं. 180 देखें।

744. 'विकीपीडिया' (Wikipedia) इंटरनेट आधारित एक नि:शुल्क विश्वकोश है। विकीपीडिया का प्रारंभ कब और किसके द्वारा हुआ है?

(क) 15 जनवरी, 2000 को जूलियन असांजे द्वारा

(ख) 15 जनवरी, 2001 को जिमी वेल्स एवं लारी सानगेर

(ग) 15 जनवरी, 2003 को रेटॉमिल्सन एवं टिम बर्न्स ली

(घ) 15 जनवरी, 2006 को ऑर्कुट बुयुक्कॉक्टेन

745. वर्ष 2011 के अंत तक विकीपीडिया में कुल लगभग कितने लेख थे?

(क) 1.5 करोड़ (ख) 1.6 करोड़

(ग) 1.8 करोड़ (घ) 2.4 करोड़

746. कब अमेरिकी संसद् में लाए गए दो एंटी पायरेसी विधेयकों के विरोध में विकीपीडिया वेबसाइट 24 घंटे की हड़ताल पर बंद रही?

(क) 18 जून, 2011 (ख) 16 नवंबर, 2011

(ग) 18 जनवरी, 2012 (घ) 16 जुलाई, 2012

747. 'विकिलीक्स' (Wikileaks) एक ऐसी वेबसाइट है, जो संवेदनशील दस्तावेजों को प्रकाशित करती है। किसके द्वारा विकिलीक्स वेबसाइट की स्थापना (वर्ष 2006 में) की गई थी?

(क) ज़िमी वेल्स (ख) जेरी यॉग

(ग) जूलियन असांजे (घ) चड हर्ले

748. विश्व में किस दिन प्रतिवर्ष 'विश्व प्रेस स्वतंत्रता दिवस' के रूप में मनाया जाता है?

(क) 3 मई (ख) 8 मई

(ग) 13 जून (घ) 15 जून

749. इनमें से कौन सी समाचार एजेंसी अमेरिका की है?

(क) रायटर्स (ख) एसोसिएटेड प्रेस

(ग) पी.टी.आई. (घ) जिन्हुआ

750. इनमें से किस देश की समाचार एजेंसी 'यूनाइटेड प्रेस इंटरनेशनल' है?

(क) अमेरिका (ख) ब्रिटेन

(ग) फ्रांस (घ) रूस

उत्तर के लिए कृपया पृष्ठ सं. 180 देखें।

751. इनमें से कौन सी समाचार एजेंसी रूस की नहीं है?
(क) इतर तास
(ख) एजेंसी पेरीसीनी द प्रेस
(ग) टेलीग्राफ एजेंसी ऑफ द सोवरियन स्टेट
(घ) एंजेतस्तवो पिचाती नोवोस्ती

752. विश्व-विख्यात 'रायटर्स' न्यूज एजेंसी किस देश की है?
(क) ब्रिटेन (ख) अमेरिका
(ग) इटली (घ) फ्रांस

753. विश्व के प्रमुख देशों के समाचार-पत्र तथा उनके देश के जोड़े में कौन सा जोड़ा गलत है?

	समाचार-पत्र	**देश (जहाँ से यह पत्र छपता है)**
(क)	फ्रैंकफर्ट एलिजियंस	जर्मनी
(ख)	मॉर्निंग न्यूज	बंगलादेश
(ग)	अल अहरम	इंडोनेशिया
(घ)	द मिरर	ब्रिटेन

754. इनमें से कौन सा समाचार-पत्र संयुक्त राज्य अमेरिका से निकलता है?
(क) डेली न्यूज (ख) डेली टेलीग्राफ
(ग) मेरेडेका (घ) डेली रिकॉर्ड

755. 'वाइल्ड' किस देश का समाचार-पत्र है?
(क) जर्मनी (ख) चीन
(ग) ऑस्ट्रेलिया (घ) रूस

756. 'डॉन' किस देश का प्रमुख समाचार-पत्र है?
(क) बँगलादेश (ख) पाकिस्तान
(ग) इंडोनेशिया (घ) मालदीव

757. 'पीपुल्स डेली' एवं 'रेड फ्लैग' किस देश के प्रमुख समाचार-पत्र हैं?
(क) चीन (ख) रूस
(ग) जापान (घ) क्यूबा

उत्तर के लिए कृपया पृष्ठ सं. 180 देखें।

758. विश्व के किस देश में पोस्ट ऑफिस (डाकघरों) की संख्या सर्वाधिक है ?

(क) अमेरिका (ख) ब्राजील

(ग) भारत (घ) जर्मनी

759. 'किंग ऑफ पॉप' के रूप में विख्यात अमेरिकी पॉप गायक माइकल जैक्सन का निधन कब और कहाँ हुआ था?

(क) 25 जून, 2009 को लॉस एंजेल्स में

(ख) 15 जनवरी, 2010 को न्यूयॉर्क में

(ग) 15 जनवरी, 2010 को लॉस वेगास में

(घ) 25 जून, 2011 को फिलाडेल्फिया में

760. किस देश के समाचार-पत्र में (वर्ष 2005 में) पैगंबर मोहम्मद साहब का कार्टून छापने पर गंभीर वैश्विक प्रतिक्रिया हुई थी?

(क) फिनलैंड (ख) अमेरिका

(ग) डेनमार्क (घ) ब्रिटेन

761. दिसंबर 2008 में अमेरिका के पूर्व राष्ट्रपति जॉर्ज बुश पर जूता फेंकनेवाले टी.वी. पत्रकार मुंतजर अल जैदी किस देश के पत्रकार थे?

(क) सीरिया (ख) इराक

(ग) पाकिस्तान (घ) मिस्र

762. वर्ष 2011 में फोन हैकिंग के आरोप के पश्चात् ब्रिटेन में (168 वर्ष पुराने) किस साप्ताहिक समाचार-पत्र का प्रकाशन बंद कर दिया गया है?

(क) द न्यू वर्ल्ड (ख) सीक्रेट वर्ल्ड

(ग) न्यूज ऑफ द वर्ल्ड (घ) न्यूज वर्ल्ड

763. दिसंबर 2012 में अमेरिका की (लगभग 80 वर्ष पुरानी) किस पत्रिका का प्रकाशन बंद हो गया है?

(क) न्यूज वीक (ख) न्यूज वर्ल्ड

(ग) द टाइम्स (घ) डेली न्यूज

764. किस वर्ष से 'एनसाइक्लोपीडिया ब्रिटेनिका' (Encyclopaedia Britannica) का प्रकाशन बंद हो गया है?

(क) वर्ष 2008 से (ख) वर्ष 2009 से

(ग) वर्ष 2010 से (घ) वर्ष 2012 से

उत्तर के लिए कृपया पृष्ठ सं. 180 देखें।

765. विश्व की अग्रणी सॉफ्टवेयर कंपनी 'एप्पल' के सह-संस्थापक स्टीव जॉब्स का निधन कब हुआ था?
(क) 15 अगस्त, 2010 को (ख) 10 जनवरी, 2011 को
(ग) 5 अक्तूबर, 2011 को (घ) 15 जुलाई, 2012 को

766. किस देश ने जूलियस असांजे (विकिलीक्स) को अपने लंदन स्थित दूतावास में वर्ष 2012 से शरण दी हुई है?
(क) ऑस्ट्रेलिया (ख) स्वीडन
(ग) क्यूबा (घ) इक्वाडोर

767. जेम्स बॉण्ड (James Bond) शृंखला की 23वीं फिल्म (जिसमें जेम्स बॉण्ड की भूमिका डेनियल क्रेग ने निभाई है) कौन सी है?
(क) डाई अनदर डे (ख) क्वांटम ऑफ सोलस
(ग) स्काई फॉल (घ) कैसिनो रॉयल

□

उत्तर के लिए कृपया पृष्ठ सं. 180 देखें।

19

मानव अधिकार

768. 'सूचना का अधिकार' कानून (सन् 1766 में) बनानेवाला विश्व का पहला देश कौन सा है?

(क) डेनमार्क (ख) नॉर्वे

(ग) स्वीडन (घ) फिनलैंड

769. किस देश की क्रांति ने स्वतंत्रता, समानता एवं भाईचारे के नारे दिए थे?

(क) इंग्लैंड की रक्तहीन क्रांति (1688)

(ख) फ्रांस की राज्य क्रांति (1789)

(ग) रूस की साम्यवादी क्रांति (1917)

(घ) चीन की साम्यवादी क्रांति (1949)

770. फ्रांस की क्रांति के बाद फ्रांस की राष्ट्रीय सभा ने किस वर्ष 'राइट्स ऑफ मैन एंड सिटिजन' (Rights of Man & Citizen) की घोषणा की थी?

(क) वर्ष 1766 में (ख) वर्ष 1776 में

(ग) वर्ष 1789 में (घ) वर्ष 1799 में

771. विश्व के किस देश में (सन् 1791 में) प्रथम दस संविधान संशोधनों द्वारा नागरिकों के मूल अधिकारों को संविधान का अंग बनाया गया?

(क) अमेरिका (ख) फ्रांस

(ग) जर्मनी (घ) ब्रिटेन

772. विश्व में सर्वप्रथम किस वर्ष स्वीडन में 'ओंबड्समैन' (Ombudsman) का पद सृजित किया गया था?

(क) वर्ष 1766 में (ख) वर्ष 1803 में

(ग) वर्ष 1809 में (घ) वर्ष 1866 में

उत्तर के लिए कृपया पृष्ठ सं. 180 देखें।

773. संयुक्त राष्ट्र संघ (UNO) की महासभा ने कब 'मानवाधिकारों का सार्वभौमिक घोषणा–पत्र (Universal Decleration of HR) स्वीकार किया, जिसे 'मानवाधिकारों का मैग्नाकार्टा' भी कहा जाता है?

(क) 10 नवंबर, 1946 (ख) 10 दिसंबर, 1948

(ग) 10 नवंबर, 1949 (घ) 10 दिसंबर, 1950

774. संयुक्त राष्ट्र के मानवाधिकारों का सार्वभौमिक घोषणा–पत्र (Universal Decleration of HR) में कुल कितने अनुच्छेद/धाराएँ हैं?

(क) 20 (ख) 30

(ग) 40 (घ) 50

775. संयुक्त राष्ट्र–मानवाधिकार आयोग (UN-Human Right Commission) की स्थापना (यू.एन. आर्थिक एवं सामाजिक परिषद् द्वारा) कब की गई थी?

(क) 16 फरवरी, 1946 (ख) 10 दिसंबर, 1948

(ग) 16 फरवरी, 1949 (घ) 10 दिसंबर, 1950

776. 'यूरोपीय मानवाधिकार प्रसंविदा' (European HR Convention) को कब स्वीकृत किया गया था?

(क) 14 नवंबर, 1948 को (ख) 4 नवंबर, 1952 को

(ग) 14 नवंबर, 1952 को (घ) 4 नवंबर, 1955 को

777. किस वर्ष 'यूरोपीय मानवाधिकार आयोग' (European HR Commission) की स्थापना हुई थी?

(क) वर्ष 1950 में (ख) वर्ष 1952 में

(ग) वर्ष 1953 में (घ) वर्ष 1954 में

778. इनमें से किस स्कॅंडिनेवियन देश में नागरिकों को वर्ष 1951 में सूचना का अधिकार प्राप्त हुआ था?

(क) फिनलैंड (ख) डेनमार्क

(ग) नॉर्वे (घ) स्वीडन

779. मानवाधिकारों के संरक्षण हेतु वर्ष 1961 में हुई किस अंतरराष्ट्रीय संस्था की स्थापना थी?

(क) ह्यूमन राइट वॉच (ख) एम्नेस्टी इंटरनेशनल

(ग) माइनॉरिटी राइट्स ग्रुप (घ) ग्रीन पीस

उत्तर के लिए कृपया पृष्ठ सं. 180 देखें।

780. कॉमनवेल्थ में संसदीय शासन प्रणालीवाला कौन सा पहला देश है, जिसने (वर्ष 1962 में) ओम्बड्समैन पद का सृजन किया है?
(क) स्विट्जरलैंड (ख) दक्षिण अफ्रीका
(ग) कनाडा (घ) न्यूजीलैंड

781. संयुक्त राष्ट्र संघ महासभा द्वारा 'नागरिक एवं राजनीतिक अधिकारों पर अंतरराष्ट्रीय प्रसंविदा' (ICCPR) तथा 'आर्थिक, सामाजिक एवं सांस्कृतिक अधिकारों पर अंतरराष्ट्रीय प्रसंविदा' (ICESCR) किस वर्ष पारित की गई थी?
(क) वर्ष 1956 में (ख) वर्ष 1962 में
(ग) वर्ष 1966 में (घ) वर्ष 1972 में

782. संयुक्त राष्ट्र महासभा द्वारा नागरिक एवं राजनीतिक अधिकारों की अंतरराष्ट्रीय प्रसंविदा का प्रथम वैकल्पिक प्रोटोकॉल कब स्वीकार किया गया, जो बाद में वर्ष 1976 में लागू हुआ था?
(क) वर्ष 1952 में (ख) वर्ष1958 में
(ग) वर्ष 1962 में (घ) वर्ष 1966 में

783. किस स्थान पर सन् 1968 में विश्व मानवाधिकार सम्मेलन का आयोजन हुआ था?
(क) तेहरान (ईरान) (ख) सियोल (द. कोरिया)
(ग) विएना (ऑस्ट्रिया) (घ) जोहांसबर्ग (द. अफ्रीका)

784. सन् 1968 में किस स्थान पर 'अरब मानवाधिकार आयोग' की स्थापना की गई थी?
(क) काहिरा (मिस्त्र) (ख) ट्यूनिश (ट्यूनीशिया)
(ग) अबू धाबी (यू.ए.ई.) (घ) बेरुत (लेबनान)

785. मानवाधिकारों के अंतर अमेरिकी सम्मेलन में अमेरिकी मानवाधिकार प्रसंविदा को कब अंगीकार किया गया था?
(क) 12 नवंबर, 1962 (ख) 12 नवंबर, 1966
(ग) 22 नवंबर, 1969 (घ) 22 नवंबर, 1976

786. किस वर्ष 'ह्यूमन राइट्स वॉच' की स्थापना की गई थी?
(क) वर्ष 1968 में (ख) वर्ष 1972 में
(ग) वर्ष 1978 में (घ) वर्ष 1982 में

उत्तर के लिए कृपया पृष्ठ सं. 180-181 देखें।

787. मानवाधिकारों का 'अफ्रीका चार्टर', जिसे 'बुजल चार्टर' के नाम से भी जाना जाता है, को कब स्वीकार किया गया था, जो बाद में वर्ष 1986 में लागू हुआ था?

(क) 20 जून, 1978 को (ख) 27 जून, 1981 को

(ग) 27 सितंबर, 1983 को (घ) 11 नवंबर, 1984 को

788. संयुक्त राज्य अमेरिका में किस वर्ष 'सूचना की स्वतंत्रता का कानून' (Freedom of Inforamation Act) बनाया गया था?

(क) सन् 1962 में (ख) सन् 1966 में

(ग) सन् 1968 में (घ) सन् 1972 में

789. ब्रिटेन में 'ओंबड्समैन' का पद (जिसे 'पार्लियामेंटरी कमिश्नर' भी कहा जाता है) कब सृजित किया गया था?

(क) सन् 1958 में (ख) सन् 1967 में

(ग) सन् 1974 में (घ) सन् 1978 में

790. किस देश में सबसे पहले सूचना की स्वतंत्रता का अधिनियम बनाया गया?

(क) ऑस्ट्रिया (ख) नॉर्वे

(ग) नीदरलैंड्स (घ) फ्रांस

791. किस देश में वर्ष 1978 में प्रशासनिक अभिलेखों को प्राप्त करने का कानून बनाया गया था?

(क) फ्रांस (ख) ऑस्ट्रिया

(ग) कनाडा (घ) ऑस्ट्रेलिया

792. किस वर्ष ऑस्ट्रेलिया में सूचना की स्वतंत्रता का कानून बनाया गया?

(क) सन् 1978 में (ख) सन् 1982 में

(ग) सन् 1984 में (घ) सन् 1986 में

793. संयुक्त राज्य अमेरिका में ह्विसिल ब्लोवर संरक्षण अधिनियम (Whistle Blower Protection Act) किस वर्ष बनाया गया था?

(क) सन् 1984 में (ख) सन् 1987 में

(ग) सन् 1989 में (घ) सन् 1991 में

उत्तर के लिए कृपया पृष्ठ सं. 181 देखें।

794. नागरिक चार्टर (Citizen's Charter) अपने वर्तमान रूप में सर्वप्रथम किस देश में (सन् 1991 में) प्रारंभ किया गया?
(क) ऑस्ट्रेलिया (ख) अमेरिका
(ग) ब्रिटेन (घ) स्वीडन

795. किस अधिकार की घोषणा संयुक्त राष्ट्र महासभा द्वारा वर्ष 1986 में की गई थी?
(क) सूचना के अधिकार (ख) विकास के अधिकार
(ग) अल्पसंख्यकों के अधिकार (घ) शरणार्थियों के अधिकार

796. संयुक्त राष्ट्र महासभा द्वारा नागरिक एवं राजनीतिक अधिकारों की अंतरराष्ट्रीय प्रसंविदा का द्वितीय वैकल्पिक प्रोटोकॉल कब स्वीकार किया गया, जो बाद में वर्ष 1991 में लागू हुआ था?
(क) सन् 1966 में (ख) सन् 1978 में
(ग) सन् 1986 में (घ) सन् 1989 में

797. विश्व बैंक ने वर्ष 1992 में किस नई अवधारणा का प्रतिपादन किया था?
(क) सहभागिता
(ख) सुशासन
(ग) नागरिक समाज
(घ) ई-कॉमर्स

798. किस स्थान पर सन् 1993 में (दूसरे) विश्व मानव अधिकार सम्मेलन का आयोजित हुआ था?
(क) रिओ डी जेनेरियो (ब्राजील)
(ख) विएना (ऑस्ट्रिया)
(ग) क्योटो (जापान)
(घ) मॉण्ट्रियल (कनाडा)

799. संयुक्त राष्ट्र महासभा ने मानवाधिकारों के संरक्षण हेतु किस वर्ष मानवाधिकार उच्चायुक्त का गठन किया?
(क) सन् 1990 में (ख) सन् 1993 में
(ग) सन् 1997 में (घ) सन् 1999 में

उत्तर के लिए कृपया पृष्ठ सं. 181 देखें।

800. किस देश में मानवाधिकार संरक्षण अधिनियम-1993 में पारित किया गया, जिसके तहत राष्ट्रीय मानवाधिकार आयोग (NHRC) की स्थापना की गई?

(क) पाकिस्तान (ख) भारत

(ग) नेपाल (घ) श्रीलंका

801. सन् 1999 में किस स्थान में राष्ट्रमंडलीय देशों की बैठक में राष्ट्रमंडलीय सूचना की स्वतंत्रता संबंधी सिद्धांत स्वीकार किए गए?

(क) डरबन (द. अफ्रीका)

(ख) पोर्ट ऑफ स्पेन (त्रिनिदाद एवं टोबैगो)

(ग) यूनाइटेड किंगडम (ब्रिटेन)

(घ) वालेटा (माल्टा)

802. संयुक्त राष्ट्र महासभा ने 'सूचना की स्वतंत्रता संबंधी 10 सिद्धांत' कब स्वीकार किए थे?

(क) सन् 1996 में

(ख) सन् 2000 में

(ग) सन् 2004 में

(घ) सन् 2008 में

803. भारत के किस पड़ोसी देश ने वर्ष 2002 में एक अध्यादेश के जरिए अपने नागरिकों को सूचना का अधिकार मुहैया कराया?

(क) बँगलादेश (ख) नेपाल

(ग) पाकिस्तान (घ) भूटान

804. किस वर्ष ब्रिटेन में 'सूचना की स्वतंत्रता' का (एक नया) अधिनियम बनाया गया?

(क) सन् 1994 में (ख) सन् 1997 में

(ग) सन् 2000 में (घ) सन् 2006 में

805. किस वर्ष भारत की संसद् ने एक नया 'सूचना के अधिकार का अधिनियम' बनाया था?

(क) सन् 2005 में (ख) सन् 2007 में

(ग) सन् 2008 में (घ) सन् 2010 में

उत्तर के लिए कृपया पृष्ठ सं. 181 देखें।

806. यू.एन. के तत्त्वावधान में वर्ष 2005 में किस स्थान पर 'सूचना समाज पर विश्व सम्मेलन' आयोजित हुआ था?

(क) जोहांसबर्ग (द. अफ्रीका) (ख) कानकुन (मेक्सिको)

(ग) सियोल (द. कोरिया) (घ) ट्यूनिश (ट्यूनीशिया)

807. किस दिन प्रतिवर्ष 'विश्व मानवाधिकार दिवस' के रूप में मनाया जाता है?

(क) 10 मार्च (ख) 10 जून

(ग) 10 सितंबर (घ) 10 दिसंबर

808. 'अंतरराष्ट्रीय मानवाधिकार बिल' में क्या शामिल है?

(क) मानवाधिकारों की सार्वभौमिक घोषणा

(ख) नागरिक एवं राजनीतिक अधिकारों पर अंतरराष्ट्रीय प्रसंविदा तथा आर्थिक सामाजिक और सांस्कृतिक अधिकारों पर अंतरराष्ट्रीय प्रसंविदा

(ग) नागरिक एवं राजनीतिक अधिकारों की प्रसंविदा का प्रथम व द्वितीय प्रोटोकॉल

(घ) उपर्युक्त सभी।

809. राष्ट्रीय मानवाधिकार संस्थाओं का 'एशिया प्रशांत फोरम' (Asia Pasific Forum) सन् 1996 में किस देश में स्थापित किया गया?

(क) ऑस्ट्रेलिया (ख) ब्राजील

(ग) मॉरीशस (घ) द. अफ्रीका

810. संयुक्त राष्ट्र मानवाधिकार आयोग के स्थान पर मानवाधिकार परिषद् की स्थापना कब की गई?

(क) 20 मई, 2002 (ख) 16 जून, 2004

(ग) 16 जून, 2006 (घ) 20 मई, 2010

811. संयुक्त राष्ट्र मानवाधिकार परिषद् (जेनेवा) में कुल कितने सदस्य देश शामिल हैं?

(क) 47 सदस्य (ख) 50 सदस्य

(ग) 53 सदस्य (घ) 57 सदस्य

उत्तर के लिए कृपया पृष्ठ सं. 181 देखें।

812. संयुक्त राष्ट्र मानवाधिकार परिषद् का कार्यकाल कितने वर्ष का होता है?
(क) दो वर्ष (ख) तीन वर्ष
(ग) पाँच वर्ष (घ) छह वर्ष

813. इनमें से कौन सा देश 1 जुलाई, 2010 को ब्रॉडबैंड सेवा को 'मूल अधिकार' घोषित करनेवाला विश्व का पहला देश बना है?
(क) स्वीडन (ख) नॉर्वे
(ग) डेनमार्क (घ) फिनलैंड

814. संयुक्त राष्ट्र महासभा ने वर्ष 2010 में एक प्रस्ताव पारित कर इनमें से किन दो नए मानवाधिकारों को मान्यता प्रदान की है?
(क) स्वच्छ जल और स्वच्छता
(ख) स्वच्छ पर्यावरण में जीने और सुरक्षा का अधिकार
(ग) क्षतिपूर्ति के अधिकार और रोजगार पाने के अधिकार
(घ) सूचना का अधिकार और विकास का अधिकार

815. भारत ने संयुक्त राष्ट्र मानवाधिकार परिषद् में किस देश के विरुद्ध 22 मार्च, 2012 को लाए गए एक प्रस्ताव के पक्ष में मत दिया है?
(क) पाकिस्तान (ख) श्रीलंका
(ग) अफगानिस्तान (घ) मालदीव

816. वर्ष 2013 में कौन सा देश संयुक्त राष्ट्र मानवाधिकार परिषद् का बहिष्कार करनेवाला विश्व का पहला देश बना है?
(क) अमेरिका (ख) इजराइल
(ग) चीन (घ) ईरान

□

उत्तर के लिए कृपया पृष्ठ सं. 181 देखें।

20

पुरस्कार

817. विश्व का सर्वाधिक प्रतिष्ठित पुरस्कार 'नोबेल पुरस्कार' कुल कितने क्षेत्रों में दिया जाता है?

(क) चार (ख) पाँच

(ग) छह (घ) आठ

818. 'नोबेल पुरस्कार' के विजेताओं का चयन करनेवाली समिति (शांति के पुरस्कार को छोड़कर) कौन सी है?

(क) रॉयल डेनमार्क एकेडमी ऑफ साइंसेज

(ख) रॉयल स्वीडिश एकेडमी ऑफ साइंसेज

(ग) रॉयल नॉर्वे एकेडमी ऑफ आर्ट्स

(घ) रॉयल फिनलैंड एकेडमी ऑफ साइंसेज

819. 'नोबेल शांति पुरस्कार' के लिए विजेताओं का चयन करनेवाली समिति किस देश में विद्यमान है?

(क) स्वीडन (ख) स्कॉटलैंड

(ग) डेनमार्क (घ) नॉर्वे

820. अर्थशास्त्र के क्षेत्र में दिए जानेवाले 'नोबेल पुरस्कार' की स्थापना किस वर्ष हुई थी?

(क) वर्ष 1964 में (ख) वर्ष 1968 में

(ग) वर्ष 1974 में (घ) वर्ष 1978 में

821. मैडम क्यूरी के अलावा किसे दो बार 'नोबेल पुरस्कार' मिल चुका है?

(क) लीनस पॉलिंग (ख) जॉन बारडीन

(ग) फ्रेटरिक सेंगर (घ) उपर्युक्त सभी

उत्तर के लिए कृपया पृष्ठ सं. 181 देखें।

822. किस अंतरराष्ट्रीय संस्था को तीन बार नोबेल का शांति पुरस्कार मिल चुका है ?
(क) अंतरराष्ट्रीय रेडक्रॉस समिति
(ख) ह्यूमन राइट्स वॉच
(ग) अंतरराष्ट्रीय ओलंपिक समिति
(घ) एम्नेस्टी इंटरनेशनल

823. किस वर्ष म्याँमार की लोकतंत्र समर्थक आंग सान सू की को 'नोबेल शांति पुरस्कार' मिला था?
(क) वर्ष 1989 में (ख) वर्ष 1991 में
(ग) वर्ष 1993 में (घ) वर्ष 1997 में

824. संयुक्त राज्य अमेरिका के राष्ट्रपति बराक ओबामा को किस वर्ष का 'नोबेल शांति पुरस्कार' मिला था?
(क) वर्ष 2008 (ख) वर्ष 2009
(ग) वर्ष 2010 (घ) उपर्युक्त में से कोई नहीं

825. वर्ष 2011 का 'नोबेल पुरस्कार' किस अफ्रीकी महिला को दिया गया है?
(क) तवाकुल करमान (यमन)
(ख) लीमाह जीबोई (लाइबेरिया)
(ग) एलन जॉनसन सरलीफ (लाइबेरिया)
(घ) उपर्युक्त सभी

826. वर्ष 2012 का 'नोबेल शांति पुरस्कार' किस अंतरराष्ट्रीय संगठन को दिया गया है?
(क) यूरोपीय संघ (ख) अफ्रीकी संघ
(ग) अरब लीग (घ) ग्रीन पीस

827. भारतीय मूल के वेंकटरमण रामकृष्णन को (वर्ष 2009 का) किस क्षेत्र में नोबेल पुरस्कार प्रदान किया गया?
(क) चिकित्सा में (ख) रसायन विज्ञान में
(ग) भौतिकी में (घ) अर्थशास्त्र में

828. 'ऑस्कर पुरस्कार' (जिसे 'एकेडमी पुरस्कार' के नाम से भी जाना जाता है) का संबंध इनमें से किससे है?
(क) शिक्षा से (ख) मीडिया से
(ग) संगीत से (घ) सिनेमा जगत् से

उत्तर के लिए कृपया पृष्ठ सं. 181 देखें।

829. 'विश्व खाद्य पुरस्कार' की स्थापना किसके द्वारा की गई थी?
(क) वर्गीज कुरियन
(ख) नॉर्मन बोरलॉग
(ग) एम.एस. स्वामीनाथन
(घ) सुंदरलाल बहुगुणा

830. यूनेस्को (UNESCO) का 'गुइलेर्मो कानो प्रेस फ्रीडम पुरस्कार' कब प्रदान किया जाता है?
(क) 5 अप्रैल को (ख) 3 मई को
(ग) 3 जून को (घ) 5 जून को

831. अमेरिका की प्रतिष्ठित 'टाइम' पत्रिका के वर्ष 2011 के 'पर्सन ऑफ दि ईयर' का पुरस्कार किसे दिया गया है?
(क) व्लादिमीर पुतिन (ख) मार्क जुकरबर्ग
(ग) बराक ओबामा (घ) द प्रोटेस्टर

832. 'बुकर पुरस्कार' के संबंध में कौन सा कथन गलत है?
(क) यह पुरस्कार अंग्रेजी भाषा में उत्कृष्ट कथा रचना के लिए किसी राष्ट्रमंडल देश के ही साहित्यकार को उनकी किसी कृति के लिए दिया जाता है
(ख) यह वर्ष 1959 से प्रतिवर्ष (लंदन में) दिया जाता है
(ग) इस पुरस्कार के तहत 50 हजार पाउंड की राशि प्रदान की जाती है
(घ) यह बुकर कंपनी एवं ब्रिटिश प्रकाशक संघ द्वारा संयुक्त रूप से दिया जाता है

833. 'बुकर पुरस्कार' प्राप्त करनेवाले भारतीय मूल के प्रथम व्यक्ति कौन हैं?
(क) सलमान रश्दी (ख) वी.एस. नायपॉल
(ग) अरुंधती राय (घ) किरण देसाई

834. बुकर पुरस्कारों की 25वीं वर्षगाँठ पर 'बुकर ऑफ द बुकर' (वर्ष 1993 में) तथा 40वीं वर्षगाँठ पर 'बेस्ट ऑफ द बुकर' (वर्ष 2008 में) किसको प्रदान किया गया?
(क) अरविंद अडिग (ख) किरण देसाई
(ग) वी.एस. नायपॉल (घ) सलमान रश्दी

उत्तर के लिए कृपया पृष्ठ सं. 181 देखें।

835. वर्ष 2008 का 'बुकर पुरस्कार' अरविंद अडिग (भारतीय) को उनकी किस कृति के लिए मिला?

(क) द गाड ऑफ स्मॉल थिंग्स (ख) द व्हाइट टाइगर

(ग) दि इनहैरिटेज ऑफ लॉस (घ) वुल्फ हॉल

836. इनमें नाम बुकर अंतरराष्ट्रीय पुरस्कार के संबंध में कौन सा कथन सही नहीं है?

(क) यह पुरस्कार विश्व के किसी भी देश के साहित्यकार को साहित्य के क्षेत्र में विशिष्ट योगदान के लिए दिया जाता है

(ख) यह प्रति तीन वर्ष में एक बार दिया जाता है

(ग) यह पुरस्कार वर्ष 2005 में प्रारंभ हुआ

(घ) इस पुरस्कार के तहत 60 हजार पाउंड की राशि प्रदान की जाती है

837. इनमें से किसे प्रथम मान बुकर अंतरराष्ट्रीय पुरस्कार प्राप्त हुआ था?

(क) चिनुआ अकेबे (नाइजीरिया)

(ख) इस्माइल कादरे (अल्बानिया)

(ग) एलिस मुनरो (कनाडा)

(घ) फिलिप रोथ (अमेरिका)

838. किसे वर्ष 2011 का 'मान बुकर' अंतरराष्ट्रीय पुरस्कार प्रदान किया गया है?

(क) जूलियन बर्न्स (ब्रिटेन) (ख) स्टीफन केलमैन

(ग) फिलिप रोथ (अमेरिका) (घ) पैट्रिक डी. विट

839. हैरी पॉटर श्रृंखला का सातवाँ अंतिम उपन्यास (जो वर्ष 2007 में प्रकाशित हुआ) कौन सा है?

(क) हैरी पॉटर ऐंड द हाफ ब्लड प्रिंस

(ख) हैरी पॉटर ऐंड द फिलॉस्फर्स स्टोन

(ग) हैरी पॉटर ऐंड द डेथली हैलोज

(घ) हैरी पॉटर ऐंड दि ऑर्डर ऑफ द फिनिक्स

840. 'पुलित्जर पुरस्कार' किस एक से संबंधित है?

(क) पर्यावरण संरक्षण (ख) संगीत

(ग) पत्रकारिता (घ) शिक्षा

उत्तर के लिए कृपया पृष्ठ सं. 181 देखें।

841. किस भारतीय मूल के व्यक्ति को वर्ष 2011 में 'पुलित्जर पुरस्कार' ('नॉन फिक्शन' श्रेणी का) दिया गया है?
(क) झुपा लाहिड़ी (ख) गीता आनंद
(ग) सिद्धार्थ मुखर्जी (घ) गोविंद बिहारी लाल

842. विश्व-विख्यात 'ग्रेमी पुरस्कार' किस क्षेत्र में प्रदान किया जाता है?
(क) विज्ञान के क्षेत्र में (ख) सुर व संगीत के क्षेत्र में
(ग) शिक्षा के क्षेत्र में (घ) खेल के क्षेत्र में

843. किस भारतीय मूल के व्यक्ति को वर्ष 2011 में 'पुलित्जर पुरस्कार' ('नॉन फिक्शन' श्रेणी का) दिया गया है?
(क) इंडोनेशिया (ख) फिलीपींस
(ग) वियतनाम (घ) थाइलैंड

844. 'रमन मैग्सेसे पुरस्कार' (जिसे 'एशिया का नोबेल पुरस्कार' भी कहा जाता है) किस क्षेत्र में दिया जाता है?
(क) शांति एवं अंतरराष्ट्रीय सद्भावना
(ख) साहित्य, पत्रकारिता एवं संचार
(ग) सामुदायिक नेतृत्व एवं लोक व सरकारी सेवा
(घ) उपर्युक्त सभी

845. किस भारतीय संगीतकार को 'ग्रेमी पुरस्कार' मिल चुका है?
(क) विश्व मोहन भट्ट (ख) पं. रविशंकर
(ग) उस्ताद जाकिर हुसैन (घ) उपर्युक्त सभी

846. इनमें से कौन सा ब्रिटेन का सर्वोच्च सम्मान (पुरस्कार) है?
(क) दि ऑर्डर ऑफ बैनर
(ख) मेडल ऑफ मेरिट
(ग) विक्टोरिया क्रॉस
(घ) दि ऑर्डर ऑफ सॉन मार्टिन

847. इनमें से कौन सा संयुक्त राज्य अमेरिका का सर्वोच्च सम्मान नहीं है?
(क) द लेंजा ऑफ मेरिट
(ख) मेडल ऑफ मेरिट
(ग) प्रेसिडेंशियल मेडल ऑफ फ्रीडम
(घ) कांग्रेसनल मेडल ऑफ ऑनर

उत्तर के लिए कृपया पृष्ठ सं. 181-182 देखें।

848. 'ऑर्डर ऑफ राइजिंग रन' किस देश का सर्वोच्च सम्मान है?
(क) जापान (ख) द. कोरिया
(ग) चीन (घ) हंगरी

849. 'दि ऑर्डर ऑफ द गोल्डेन स्टोर' किस देश का सर्वोच्च सम्मान है?
(क) कंबोडिया (ख) नीदरलैंड्स
(ग) कोलंबिया (घ) वियतनाम

850. इनमें से नीदरलैंड्स का सर्वोच्च सम्मान कौन सा है?
(क) ऑर्डर ऑफ डैनब्रोग
(ख) मिलिटरी ऑर्डर ऑफ विलियम
(ग) पोर ली मेरिट आयरन क्रॉस
(घ) लेंजा ऑफ ऑनर

851. 'शाह अब्दुल अजीज पदक' किस देश का सर्वोच्च सम्मान है?
(क) बहरीन (ख) संयुक्त अरब अमीरात
(ग) कुवैत (घ) सऊदी अरब

852. दक्षिणी अमेरिका के किस देश का सर्वोच्च सम्मान/पुरस्कार 'आगस्टो सीजर सैंडिनो ऑर्डर' है?
(क) वेनेजुएला (ख) ग्वाटेमाला
(ग) कोस्टारिका (घ) निकारगुआ

□

उत्तर के लिए कृपया पृष्ठ सं. 182 देखें।

21

खेलकूद

853. इनमें से विश्व के देशों एवं उनके राष्ट्रीय खेल के जोड़ों में कौन सा जोड़ा गलत है?

	देश	**राष्ट्रीय खेल**
(क)	रूस	फुटबॉल
(ख)	इंग्लैंड	क्रिकेट
(ग)	स्पेन	बेसबॉल
(घ)	पाकिस्तान	हॉकी

854. संयुक्त राज्य अमेरिका का राष्ट्रीय खेल कौन सा है?

(क) फुटबॉल (ख) बेसबॉल
(ग) आइस हॉकी (घ) क्रिकेट

855. किस देश का राष्ट्रीय खेल बुल फाइटिंग है?

(क) स्पेन (ख) स्कॉटलैंड
(ग) पुर्तगाल (घ) जर्मनी

856. इनमें से चीन का राष्ट्रीय खेल कौन सा है?

(क) बैडमिंटन (ख) जू-जिल्सु
(ग) टेबल टेनिस (घ) हॉकी

857. मलेशिया का राष्ट्रीय खेल कौन सा है?

(क) टेबल टेनिस (ख) रंबी फुटबॉल
(ग) बैडमिंटन (घ) क्रिकेट

उत्तर के लिए कृपया पृष्ठ सं. 182 देखें।

858. इनमें से किस देश का राष्ट्रीय खेल 'आइस हॉकी' नहीं है?
(क) कनाडा (ख) रूस
(ग) इटली (घ) स्वीडन

859. इनमें से किस देश का राष्ट्रीय खेल फुटबॉल नहीं है?
(क) ब्राजील (ख) रूस
(ग) जापान (घ) स्वीडन

860. कौन सा देश सद्भावना खेल आयोजित करनेवाला विश्व का प्रथम देश है?
(क) चीन (ख) ऑस्ट्रेलिया
(ग) भारत (घ) रूस

861. अंतरराष्ट्रीय ओलंपिक समिति की स्थापना कब हुई थी?
(क) 23 सितंबर, 1884 को (ख) 23 जून, 1888 को
(ग) 23 जून, 1894 को (घ) 23 सितंबर, 1898 को

862. अंतरराष्ट्रीय ओलंपिक समिति का मुख्यालय कहाँ पर अवस्थित है?
(क) लुसाने (स्विट्जरलैंड)
(ख) लंदन (ब्रिटेन)
(ग) शारजाह (संयुक्त अरब अमीरात)
(घ) न्यूयॉर्क (अमेरिका)

863. किसे 'आधुनिक ओलंपिक का पिता' कहा जाता है?
(क) ट्रिमिप्रियस (ख) पियरे यू.डी. कुबर्तिन
(ग) हेनरी दुनांत (घ) जैक्स रोगे

864. ओलंपिक खेलों का चिह्न, जो आपस में जुड़े हुए पाँच छल्ले हैं, वह निम्न में से किन पाँच का प्रतिनिधित्व करता है?
(क) पाँच महासागरों का (ख) पाँच देशों का
(ग) पाँच महाद्वीपों का (घ) पाँच सर्वश्रेष्ठ खिलाड़ियों का

865. पहले आधुनिक ओलंपिक खेल (वर्ष 1996 में) कहाँ पर आयोजित हुए थे?
(क) पेरिस (फ्रांस) (ख) एथेंस (ग्रीस)
(ग) सेंट लुइस (अमेरिका) (घ) लंदन (ब्रिटेन)

उत्तर के लिए कृपया पृष्ठ सं. 182 देखें।

866. अब तक एशिया के किस देश में ओलंपिक खेलों का आयोजन नहीं हुआ है ?

(क) चीन (ख) दक्षिण कोरिया

(ग) जापान (घ) थाइलैंड

867. अमेरिका के किस स्थान पर ओलंपिक खेलों का आयोजन नहीं हुआ है?

(क) सेंट लुइस (1904) (ख) न्यूयॉर्क (1932)

(ग) लॉस एंजिल्स (1984) (घ) अटलांटा (1996)

868. ओलंपिक खेल सर्वाधिक (तीन बार) अब तक किस शहर में आयोजित किए जा चुके हैं?

(क) बर्लिन (जर्मनी) (ख) लॉस एंजेल्स (अमेरिका)

(ग) पेरिस (फ्रांस) (घ) लंदन (ब्रिटेन)

869. ओलंपिक खेलों के आयोजित वर्ष एवं उनके स्थानों के जोड़ों में कौन सा जोड़ा गलत है?

	वर्ष	स्थान
(क)	1976	मॉण्ट्रियल (कनाडा)
(ख)	1992	बार्सिलोना (स्पेन)
(ग)	2000	सिडनी (ऑस्ट्रेलिया)
(घ)	2004	बीजिंग (चीन)

870. वर्ष 2012 में संपन्न (30वें) लंदन ओलंपिक खेलों में सर्वाधिक पदक जीतकर प्रथम स्थान पर कौन सा देश रहा?

(क) रूस (ख) अमेरिका

(ग) चीन (घ) ब्रिटेन

871. लंदन ओलंपिक (2012) में भारत ने कुल कितने पदक जीते हैं?

(क) 4 (ख) 5

(ग) 6 (घ) 8

872. अब तक ओलंपिक खेलों में सर्वाधिक पदक जीतनेवाला खिलाड़ी कौन है?

(क) मार्क स्पिट्ज (अमेरिका)

(ख) लॉस एंजेल्स (अमेरिका)

(ग) लॉरिया लातनिया (सोवियत संघ)

(घ) पावला नूरमी (फिनलैंड)

उत्तर के लिए कृपया पृष्ठ सं. 182 देखें।

873. आगामी 31वें ओलंपिक खेलों का आयोजन (वर्ष 2016 में) कहाँ पर किया जाएगा?
(क) रियो डी जेनेरियो (ब्राजील)
(ख) जोहांसबर्ग (द. अफ्रीका)
(ग) मेक्सिको सिटी (मेक्सिको)
(घ) टोक्यो (जापान)

874. प्रथम विश्व कप फुटबॉल (फीफा) वर्ष 1930 में कहाँ आयोजित हुए थे?
(क) ब्राजील (ख) उरूग्वे
(ग) जर्मनी (घ) इटली

875. कौन सा देश फीफा (FIFA) विश्व कप सर्वाधिक बार जीत चुका है?
(क) अर्जेंटीना (ख) इटली
(ग) ब्राजील (घ) जर्मनी

876. किस वर्ष अमेरिका में फीफा कप हुए थे?
(क) वर्ष 1990 (ख) वर्ष 1994
(ग) वर्ष 1998 (घ) वर्ष 2002

877. 19वाँ विश्व कप फुटबॉल (फीफा) वर्ष 2010 में किस देश की मेजबानी में संपन्न हुआ था?
(क) द. अफ्रीका (ख) जर्मनी
(ग) स्पेन (घ) जापान

878. इनमें से कौन सा देश वर्ष 2010 में हॉलैंड को फाइनल में हराकर पहली बार विश्व कप फुटबॉल (19वें) का विजेता बना?
(क) फ्रांस (ख) स्पेन
(ग) जापान (घ) जर्मनी

879. प्रथम एशियाई खेल नई दिल्ली में किस वर्ष आयोजित हुए थे?
(क) वर्ष 1950 में (ख) वर्ष 1951 में
(ग) वर्ष 1960 में (घ) वर्ष 1961 में

880. एशियाई खेल किस देश में सर्वाधिक बार आयोजित हुए हैं?
(क) चीन (ख) जापान
(ग) थाइलैंड (घ) दक्षिण कोरिया

उत्तर के लिए कृपया पृष्ठ सं. 182 देखें।

881. निम्न में से कौन सी टेनिस की ग्रैंड स्लैम स्पर्द्धा नहीं है?
(क) ऑस्ट्रेलियाई ओपन (ख) जर्मन ओपन
(ग) अमेरिकी ओपन (घ) फ्रेंच ओपन

882. टेनिस की चारों ग्रैंड स्लैम स्पर्द्धाओं में पुरुष युगल खिताब जीतनेवाले पहले भारतीय खिलाड़ी कौन हैं?
(क) महेश भूपति (ख) रोहन बोपन्ना
(ग) लिएंडर पेस (घ) उपर्युक्त में से कोई नहीं

883. ग्रैंड स्लैम के टेनिस खिलाड़ी राफेल नडाल किस देश के खिलाड़ी हैं?
(क) स्विट्जरलैंड (ख) स्पेन
(ग) फ्रांस (घ) रूस

884. 'फॉर्मूला-1 रेस' का संबंध किस खेल से है?
(क) तैराकी (ख) साइकिलिंग
(ग) कार रेसिंग (घ) एथलेटिक्स

885. भारत में पहली बार फॉर्मूला-1 रेस (इंडिया ग्रैंड प्रिक्स) का आयोजन 28-30 अक्तूबर, 2011 को कहाँ हुआ था?
(क) ग्रेटर नोएडा (ख) गुड़गाँव
(ग) फरीदाबाद (घ) हैदराबाद

886. भारत में पहली फॉर्मूला-1 रेस इंडिया ग्रांड प्रिक्स (वर्ष 2011 में) प्रथम स्थान पर (विजेता) कौन रहा?
(क) जेंसन बटन (ख) सेबेस्टियन वेट्टल
(ग) मार्क वेबर (घ) माइकल शूमाकर

887. फॉर्मूला-1 रेस के चैंपियन रहे माइकल शूमाकर का संबंध किस देश से है?
(क) जर्मनी (ख) स्पेन
(ग) ब्रिटेन (घ) फिनलैंड

888. प्रथम राष्ट्रमंडल खेलों (कॉमनवेल्थ गेम्स) का आयोजन वर्ष 1930 में कहाँ हुआ था?
(क) लंदन (ब्रिटेन) (ख) हैमिल्टन (न्यूजीलैंड)
(ग) वेंकू (कनाडा) (घ) सिडनी (ऑस्ट्रेलिया)

उत्तर के लिए कृपया पृष्ठ सं. 182 देखें।

889. भारत (नई दिल्ली) में प्रथम राष्ट्रमंडल खेलों का आयोजन कब हुआ?
(क) 1 से 11 सितंबर, 2009
(ख) 3 से 14 अक्तूबर, 2010
(ग) 1 से 11 सितंबर, 2010
(घ) 3 से 14 अक्तूबर, 2011

890. 19वें (नई दिल्ली) राष्ट्रमंडल खेलों में सर्वाधिक पदक जीतकर प्रथम स्थान पर कौन सा देश रहा?
(क) ऑस्ट्रेलिया (ख) भारत
(ग) इंग्लैंड (घ) कनाडा

891. प्रथम आई.सी.सी क्रिकेट विश्व कप किस वर्ष खेला गया था?
(क) वर्ष 1973 में (ख) वर्ष 1975 में
(ग) वर्ष 1977 में (घ) वर्ष 1983 में

892. 10वाँ आई.सी.सी. क्रिकेट विश्व कप (वर्ष 2011) में भारत ने किसे फाइनल में हराकर जीता?
(क) श्रीलंका (ख) ऑस्ट्रेलिया
(ग) द. अफ्रीका (घ) पाकिस्तान

893. पाकिस्तान के क्रिकेट कोच बॉब वूल्मर, जिनकी क्रिकेट विश्व कप (2007) के दौरान रहस्यमयी परिस्थितियों में मृत्यु हो गई, का जन्म-स्थान कौन सा है ?
(क) बंबई (मुंबई) (ख) कलकत्ता (अब कोलकाता)
(ग) इंदौर (घ) कानपुर

894. अंतरराष्ट्रीय क्रिकेट में सचिन तेंदुलकर ने 100वाँ शतक किसके विरुद्ध (16 मार्च, 2012 को) बनाया था ?
(क) जिंबाब्वे (ख) बँगलादेश
(ग) पाकिस्तान (घ) श्रीलंका

895. एकदिवसीय अंतरराष्ट्रीय क्रिकेट तथा टेस्ट क्रिकेट में सर्वाधिक रनों का विश्व रिकॉर्ड किसके नाम है?
(क) रिकी पोंटिंग (ऑस्ट्रेलिया) (ख) जैक कालिस (द. अफ्रीका)
(ग) ब्रायन लारा (वेस्टइंडीज) (घ) सचिन तेंदुलकर (भारत)

उत्तर के लिए कृपया पृष्ठ सं. 182 देखें।

896. टेस्ट क्रिकेट में सबसे बड़ी व्यक्तिगत पारी खेलने का विश्व रिकॉर्ड किस खिलाड़ी के नाम दर्ज है?
(क) वीरेंद्र सहवाग (भारत) (ख) माहेला जयवर्धने (श्रीलंका)
(ग) मैथ्यू हेडेन (ऑस्ट्रेलिया) (घ) ब्रायन लारा (वेस्टइंडीज)

897. एकदिवसीय अंतरराष्ट्रीय क्रिकेट में सर्वोच्च व्यक्तिगत पारी (219 रनों की) खेलने का रिकॉर्ड किसके नाम दर्ज है?
(क) सचिन तेंदुलकर (भारत) (ख) वीरेंद्र सहवाग (भारत)
(ग) सईद अनवर (पाकिस्तान) (घ) ब्रायन लारा (वेस्टइंडीज)

898. टेस्ट मैचों में सर्वाधिक 800 विकेट लेने का रिकॉर्ड किस खिलाड़ी के नाम दर्ज है?
(क) अनिल कुंबले (ख) मुथैया मुरलीधरन
(ग) हरभजन सिंह (घ) उपर्युक्त में से कोई नहीं

899. पहला अंतरराष्ट्रीय 'ट्वेंटी-20' क्रिकेट मैच 17 फरवरी, 2005 को किन देशों के बीच खेला गया था?
(क) भारत एवं ऑस्ट्रेलिया (ख) श्रीलंका एवं ऑस्ट्रेलिया
(ग) न्यूजीलैंड एवं ऑस्ट्रेलिया (घ) द. अफ्रीका एवं ऑस्ट्रेलिया

900. भारत की धरती पर पहला अंतरराष्ट्रीय ट्वेंटी-20 क्रिकेट मैच 20 अक्तूबर, 2007 को (मुंबई में) किसके बीच खेला गया?
(क) भारत एवं पाकिस्तान (ख) भारत एवं द. अफ्रीका
(ग) भारत एवं ऑस्ट्रेलिया (घ) भारत एवं श्रीलंका

□

उत्तर के लिए कृपया पृष्ठ सं. 182 देखें।

22

विविध

901. विश्व का सबसे बड़ा द्वीप (क्षेत्रफलानुसार) कौन सा है?

(क) बोर्नियो (ख) ग्रीनलैंड

(ग) मेडागास्कर (घ) न्यू गिनी

902. विश्व का सबसे ऊँचा द्वीप कौन सा है?

(क) हवाई (अमेरिका) (ख) सुमात्रा (इंडोनेशिया)

(ग) न्यू गिनी (इंडोनेशिया) (घ) ताइवान (चीन)

903. इंडोनेशिया में लगभग कितने द्वीप हैं?

(क) 10,000 (ख) 15,000

(ग) 17,000 (घ) 20,000

904. इंडोनेशिया की राजधानी जकार्ता किस द्वीप पर अवस्थित है?

(क) सुमात्रा (ख) सेलीबीज

(ग) जावा (घ) बाली

905. इनमें से किसे 'एमराल्ड आइसलैंड' के नाम से पुकारा जाता है?

(क) स्विट्जरलैंड (ख) आयरलैंड

(ग) जापान (घ) कोरिया

906. आइसलैंड को किस उपनाम से जाना जाता है?

(क) अग्नि द्वीप (ख) लौंग का द्वीप

(ग) मरकत/एमराल्ड द्वीप (घ) उपर्युक्त सभी

उत्तर के लिए कृपया पृष्ठ सं. 182 देखें।

907. आइसलैंड द्वीप कहाँ पर अवस्थित है?
(क) पश्चिम-मध्य प्रशांत (ख) उत्तरी अटलांटिक
(ग) कैरीबियन सागर (घ) आर्कटिक महासागर

908. इनमें से कौन सा द्वीप कनाडा में अवस्थित नहीं है?
(क) विक्टोरिया (ख) आयरलैंड
(ग) ईलिसमेरे (घ) न्यू फाउंडलैंड

909. फॉकलैंड द्वीपों के स्वामित्व को लेकर किन दो देशों के मध्य तनाव है?
(क) ब्रिटेन एवं रूस (ख) ब्रिटेन एवं डेनमार्क
(ग) ब्रिटेन एवं चिली (घ) ब्रिटेन एवं अर्जेंटीना

910. सेंकाकु/ दियाऊ द्वीप किन दो देशों के बीच विवादित है?
(क) इंडोनेशिया एवं मलेशिया (ख) चीन एवं जापान
(ग) इंडोनेशिया एवं थाईलैंड (घ) चीन एवं द. कोरिया

911. कुनाशिर, शिकोटन, हवोमई तथा इतुरूप द्वीपों को लेकर किन दो राष्ट्रों के मध्य विवाद है?
(क) रूस एवं चीन
(ख) बहरीन एवं कतर
(ग) ईरान एवं टर्की
(घ) जापान एवं रूस

912. किन दो राष्ट्रों के मध्य हवार द्वीपों (Hawar Islands) पर स्वामित्व के चलते विवाद रहा है?
(क) अमेरिका एवं रूस (ख) बहरीन एवं कतर
(ग) ईरान एवं टर्की (घ) जापान एवं रूस

913. कच्चातिवु द्वीप विवाद किन दो देशों के बीच है?
(क) भारत एवं श्रीलंका (ख) भारत एवं मालदीव
(ग) श्रीलंका एवं मालदीव (घ) श्रीलंका एवं इंडोनेशिया

914. किस द्वीप समूह पर न्यूजीलैंड की दावेदारी है?
(क) क्रिसमस द्वीप समूह (ख) पिटकेर्न द्वीप समूह
(ग) कुक द्वीप समूह (घ) पैराराल द्वीप समूह

उत्तर के लिए कृपया पृष्ठ सं. 182-183 देखें।

915. स्विट्जरलैंड स्थित न्यू सेवन वंडर्स फाउंडेशन ने जनमत के आधार पर विश्व के सात मानव निर्मित आश्चर्यों की घोषणा सर्वप्रथम कब की थी?
(क) 6 जून, 2006 को
(ख) 7 जुलाई, 2007 को
(ग) 9 सितंबर, 2009 को
(घ) 11 नवंबर, 2011 को

916. विश्व के आश्चर्यों (World Wonders) में गिनी जानेवाली 'चीन की दीवार' की कुल लंबाई एक ताजा अध्ययन (वर्ष 2010 में) कितने कि.मी. बताई गई है?
(क) 5,851 कि.मी. (ख) 6,751 कि.मी.
(ग) 7,851 कि.मी. (घ) 8,851 कि.मी.

917. किस देश में आंतरिक जल परिवहन तंत्र सर्वाधिक विकसित है?
(क) अमेरिका (ख) ब्राजील
(ग) चीन (घ) जापान

918. विश्व के प्रमुख शहरों एवं उनके हवाई अड्डे के जोड़ों में कौन सा जोड़ा गलत है?

	विश्व के प्रमुख शहर	हवाई अड्डा
(क)	लंदन (ब्रिटेन)	हीथ्रो हवाई अड्डा
(ख)	सिडनी (ऑस्ट्रेलिया)	किंग्सफोर्ड स्मिथ हवाई अड्डा
(ग)	शिकागो (अमेरिका)	जे.एफ. कैनेडी हवाई अड्डा
(घ)	मास्को (रूस)	दोमोदेदोव हवाई अड्डा

919. किन दो देशों के बीच गोबी मरुस्थल स्थित है?
(क) मंगोलिया एवं चीन (ख) नामीबिया एवं नाइजर
(ग) मिस्र एवं मोरक्को (घ) बोलीविया एवं ब्राजील

920. पराना नदी पर निर्मित इतेपु बाँध विश्व के सबसे बड़े बाँधों में से एक है। इनमें देशों में यह कौन से दो देशों की संयुक्त परियोजना है?
(क) ब्राजील एवं पेरू (ख) ब्राजील एवं पराग्वे
(ग) कोलंबिया एवं पराग्वे (घ) इक्वाडोर एवं पेरू

उत्तर के लिए कृपया पृष्ठ सं. 183 देखें।

921. कौन सा एक देश प्रशांत महासागर और अटलांटिक महासागर को जोड़ने हेतु पनामा नहर के प्रतिद्वंद्वी के निर्माण के लिए योजना बना रहा है?

(क) ग्वाटेमाला (ख) कोस्टारिका

(ग) निकारगुआ (घ) कोलंबिया

922. भारत तथा पाकिस्तान के बीच सिंधु जल संधि (Indus River Treaty) किस वर्ष हुई थी?

(क) वर्ष 1950 में (ख) वर्ष 1953 में

(ग) वर्ष 1960 में (घ) वर्ष 1971 में

923. वर्ष 1996 में महाकाली (शारदा) संधि, जिसमें पंचेश्वर बहूद्देश्यीय परियोजना शामिल है, भारत ने किस पड़ोसी देश के साथ की है?

(क) भूटान (ख) नेपाल

(ग) बँगलादेश (घ) श्रीलंका

924. फरक्का में गंगा जल की भागीदारी के संबंध में वर्ष 1996 में भारत ने किस देश के साथ संधि की थी?

(क) नेपाल (ख) बँगलादेश

(ग) भूटान (घ) पाकिस्तान

925. बगलिहार हाइड्रो इलेक्ट्रिक पॉवर प्रोजेक्ट, जिसके विषय में पाकिस्तान द्वारा विश्व बैंक, के समक्ष विवाद उठाया गया, भारत द्वारा जिस नदी पर बनाया गया, वह इनमें से कौन सी है?

(क) झेलम नदी (ख) सिंधु नदी

(ग) चेनाब नदी (घ) व्यास नदी

926. हाल ही में भारत के जम्मू व कश्मीर में बन रही किशनगंगा हाइड्रो इलेक्ट्रिक परियोजना पर किस देश ने आपत्ति जताई है?

(क) चीन (ख) बँगलादेश

(ग) नेपाल (घ) पाकिस्तान

927. कौन सा देश धूम्रपान पर प्रतिबंध लगानेवाला विश्व का पहला देश है?

(क) चीन (ख) भूटान

(ग) स्वीडन (घ) ऑस्ट्रेलिया

उत्तर के लिए कृपया पृष्ठ सं. 183 देखें।

928. किस देश ने दया-मृत्यु को कानूनी तौर से (इसके एक या अन्य रूप में) मंजूरी दी हुई है?
(क) हॉलैंड (नीदरलैंड्स) (ख) बेल्जियम
(ग) स्विट्जरलैंड (घ) उपर्युक्त सभी

929. वर्ष 2002 में इच्छा-मृत्यु/दया-मृत्यु (Euthanasia) को कानूनी रूप से मान्यता प्रदान करनेवाला विश्व का पहला देश कौन बना है?
(क) भारत (ख) नीदरलैंड्स
(ग) चीन (घ) द. अफ्रीका

930. सोवियत संघ के विघटन के पश्चात् रूस में पहली जनगणना किस वर्ष हुई थी?
(क) सन् 1996 में (ख) सन् 2000 में
(ग) सन् 2002 में (घ) सन् 2005 में

931. ब्रिटेन के राजपरिवार के उत्तराधिकारी प्रिंस विलियम (जिनका पूरा नाम विलियम आर्थर फिलिप लुइस है) अपनी मंगेतर केट मिडल्टन के साथ कब विवाह-बंधन में बँधे हैं?
(क) 29 अप्रैल, 2010 (ख) 29 अप्रैल, 2011
(ग) 11 जुलाई, 2011 (घ) 11 जुलाई, 2012

932. प्रिंस विलियम को विवाहोपरांत ब्रिटेन की महारानी एलिजाबेथ-II ने किस खिताब से विभूषित किया है?
(क) ड्यूक ऑफ वेल्स (ख) ड्यूक ऑफ एडिनबर्ग
(ग) ड्यूक ऑफ कैंब्रिज (घ) ड्यूक ऑफ यॉर्क

933. इंडोनेशिया के सुमात्रा द्वीप में आए भीषण भूकंप से उपजी शक्तिशाली सुनामी समुद्री लहरों ने भारत सहित लगभग 10 देशों के तटीय क्षेत्रों में कब भीषण कहर बरपाया था?
(क) 26 अप्रैल, 2003 (ख) 26 दिसंबर, 2004
(ग) 26 अप्रैल, 2005 (घ) 26 दिसंबर, 2006

934. किस देश के तटवर्ती क्षेत्रों में वर्ष 2005 में आए 'कैटरीना' एवं 'रीटा' तूफानों ने तबाही मचाई थी?
(क) अमेरिका (ख) इंडोनेशिया
(ग) ऑस्ट्रेलिया (घ) मॉरीशस

उत्तर के लिए कृपया पृष्ठ सं. 183 देखें।

935. ब्रिटेन (UK) में आयरलैंड का कौन सा हिस्सा/क्षेत्र सम्मिलित है?
(क) उत्तरी आयरलैंड (ख) दक्षिणी आयरलैंड
(ग) पूर्वी आयरलैंड (घ) पश्चिमी आयरलैंड

936. किनके साथ इजराइल की सीमाएँ जुड़ी हुई हैं?
(क) सीरिया, इराक, यमन एवं तुर्की
(ख) सीरिया, लेबनान, जोर्डन एवं मिस्त्र
(ग) जोर्डन, तुर्की, साइप्रस एवं मिस्त्र
(घ) जोर्डन, लेबनान, सीरिया एवं तुर्की

937. इनमें से कौन सा देश पनामा का सीमावर्ती नहीं है?
(क) वेनेजुएला (ख) कोस्टारिका
(ग) कोलंबिया (घ) प्रशांत महासागर

938. भारत और चीन के अतिरिक्त कौन से समूह में दिए गए देश म्याँमार (बर्मा) के सीमावर्ती हैं?
(क) थाईलैंड, वियतनाम और मलेशिया
(ख) थाईलैंड, बँगलादेश और लाओस
(ग) थाईलैंड, बँगलादेश और वियतनाम
(घ) मलेशिया, कंबोडिया और लाओस

939. विश्व का ऐसा कौन सा देश है, जिसकी सीमाएँ लगभग 14 देशों से मिलती हैं?
(क) रूस (ख) ब्राजील
(ग) जर्मनी (घ) चीन

940. विश्व में सबसे लंबी स्थलीय सीमा किन दो देशों के बीच स्थित है?
(क) भारत-पाकिस्तान (ख) अमेरिका-कनाडा
(ग) चीन-रूस (घ) कजाकिस्तान-उज्बेकिस्तान

941. पाकिस्तान की सीमा के साथ भारत के किन राज्यों की सीमा मिलती है?
(क) जम्मू व कश्मीर, पंजाब, हरियाणा, राजस्थान
(ख) जम्मू व कश्मीर, हिमाचल प्रदेश, पंजाब, राजस्थान
(ग) पंजाब, जम्मू व कश्मीर, गुजरात, राजस्थान
(घ) पंजाब, हिमाचल प्रदेश, गुजरात, राजस्थान

उत्तर के लिए कृपया पृष्ठ सं. 183 देखें।

942. विश्व की अतीत की फ्लू महामारियों (Flu) में किस फ्लू से लगभग दो से चार करोड़ लोगों की मौत हुई थी?
(क) स्पेनिश फ्लू (सन् 1958 में)
(ख) एशियन फ्लू (सन् 1957 में)
(ग) हांगकांग फ्लू (सन् 1968 में)
(घ) उपर्युक्त में से कोई नहीं

943. स्वाइन फ्लू के नाम से कुख्यात इन्फ्लुएंजा-ए मनुष्य में बीमारी पैदा करनेवाला एक नया वायरस है। यह विश्व में सबसे पहले किस देश में वर्ष 2009 में प्रकाश में आया है?
(क) चीन (ख) मेक्सिको
(ग) वियतनाम (घ) स्पेन

944. वर्ष 2011 में विश्व के किस महाद्वीप में खीरे में घातक बैक्टीरिया के संक्रमण के चलते हजारों लोग इस संक्रमण के शिकार हुए थे?
(क) यूरोप में (ख) एशिया में
(ग) अफ्रीका में (घ) ऑस्ट्रेलिया में

945. लैटिन अमेरिका में यूरोपीय और इंडियन मिश्रित रक्तवाले व्यक्ति को क्या कहा जाता है?
(क) म्यूलेतो (ख) मेस्तिजो
(ग) माउ-माउ (घ) मीजि

946. ब्रिटेन के प्रथम प्रधानमंत्री (वर्ष 1721 से 1742 तक) कौन थे?
(क) लॉर्ड नॉर्थ (ख) लॉड पेल्हम
(ग) सर रॉबर्ट पील (घ) रॉबर्ट वालपॉल

947. भारत की स्वतंत्रता के समय ब्रिटेन के प्रधानमंत्री कौन थे?
(क) क्लीमेंट एटली
(ख) टेम्जे मैकडोनॉल्ड
(ग) विंस्टन चर्चिल
(घ) फ्रैंकलिन रूजवेल्ट

948. किस अफ्रीकी देश की मुद्रा 'फ्रेंक' है?
(क) बेनिन (ख) कोट इ आईवटी
(ग) नाइजर (घ) उपर्युक्त सभी

उत्तर के लिए कृपया पृष्ठ सं. 183 देखें।

949. 'मेटीकल' किस देश की राष्ट्रीय मुद्रा है?
(क) मोजांबिक (ख) घाना
(ग) मोरक्को (घ) इटीट्रिया

950. दक्षिण अफ्रीका की राष्ट्रीय मुद्रा का नाम क्या है?
(क) रेंड (ख) पुला
(ग) पैसो (घ) दिनार

951. किस देश की राष्ट्रीय मुद्रा रियाल है?
(क) सीरिया (ख) ट्यूनीशिया
(ग) कतर (घ) ब्रुनेई

952. दक्षिण कोरिया की राष्ट्रीय मुद्रा का नाम क्या है?
(क) लीरा (ख) वॉन
(ग) रेंड (घ) रूबल

953. इनमें से किस देश की मुद्रा 'रूबल' नहीं है?
(क) उज्बेकिस्तान (ख) ताजिकिस्तान
(ग) कजाकिस्तान (घ) अफगानिस्तान

954. एशिया के किस देश की राष्ट्रीय मुद्रा का नाम 'टका' है?
(क) बँगलादेश (ख) भूटान
(ग) मालदीव (घ) कुवैत

955. क्यूबा की राष्ट्रीय मुद्रा का नाम क्या है?
(क) फ्रेंक (ख) कोलन
(ग) गोर्डे (घ) पेसो

956. किस विकसित देश की मुद्रा 'रूबल' है?
(क) रूस (ख) नीदरलैंड्स
(ग) डेनमार्क (घ) ऑस्ट्रेलिया

957. प्रतिवर्ष कौन सा दिन 'विश्व उपभोक्ता दिवस' के रूप में मनाया जाता है?
(क) 5 मार्च (ख) 8 मार्च
(ग) 15 मार्च (घ) 21 मार्च

उत्तर के लिए कृपया पृष्ठ सं. 183 देखें।

958. प्रतिवर्ष कौन सा दिन 'विश्व खाद्य दिवस' के रूप में मनाया जाता है?
(क) 16 अक्तूबर (ख) 9 नवंबर
(ग) 21 अप्रैल (घ) 21 सितंबर

959. विश्व में प्रतिवर्ष 1 दिसंबर को कौन सा अंतरराष्ट्रीय दिवस मनाया जाता है?
(क) विश्व विकलांग दिवस (ख) विश्व मानवाधिकार दिवस
(ग) विश्व मितव्ययिता दिवस (घ) विश्व एड्स दिवस

960. 'अंतरराष्ट्रीय श्रम दिवस' विश्व में प्रतिवर्ष 1 मई को किसकी स्मृति में मनाया जाता है?
(क) यह उन शहीद श्रमिकों की स्मृति में विश्व स्तर पर मनाया जाता है, जिन्होंने शिकागो (अमेरिका) में उचित सेवा शर्तों, शोषण व दमन के विरुद्ध वर्ष 1886 में एक लंबा संघर्ष किया था।
(ख) उन शहीद श्रमिकों की स्मृति में, जिन्हें वर्ष 1905 में मास्को (रूस) में मार दिया गया था।
(ग) इस दिन संयुक्त राष्ट्र संघ ने श्रमिकों के लिए एक अंतरराष्ट्रीय प्रसंविदा/दस्तावेज पारित किया था।
(घ) उन शहीद श्रमिकों की स्मृति में, जो वर्ष 1857 में जोहांसबर्ग (द. अफ्रीका) में गोलियों का शिकार हुए थे।

961. विश्व में स्वास्थ्य दिवस प्रतिवर्ष किस दिन मनाया जाता है?
(क) 7 मार्च को (ख) 7 अप्रैल को
(ग) 24 अप्रैल को (घ) 5 जून को

962. विश्व में प्रतिवर्ष कौन सा दिन 'पृथ्वी दिवस' (Earth Day) के रूप में मनाया जाता है?
(क) 22 मार्च (ख) 22 अप्रैल
(ग) 22 सितंबर (घ) 22 दिसंबर

963. भारत के किस पड़ोसी देश में '15 अगस्त' को राष्ट्रीय शोक दिवस के रूप में मनाया जाता है?
(क) पाकिस्तान (ख) श्रीलंका
(ग) बँगलादेश (घ) म्याँमार (बर्मा)

उत्तर के लिए कृपया पृष्ठ सं. 183 देखें।

964. संयुक्त राष्ट्र महासभा के आह्वान पर (वर्ष 2007 से) प्रतिवर्ष किस दिन 'अंतरराष्ट्रीय अहिंसा दिवस' के रूप में मनाया जाता है?
(क) 9 जनवरी (ख) 1 मई
(ग) 21 सितंबर (घ) 2 अक्तूबर

965. कौन सा बंदरगाह 'यूरो पोर्ट' (Euro Port) के नाम से जाना जाता है?
(क) रोटरडम (ख) लिस्बन
(ग) लंदन (घ) हैंबर्ग

966. विश्व के किस देश में कार्यशील लोगों की संख्या सर्वाधिक है?
(क) चीन (ख) जापान
(ग) भारत (घ) अमेरिका

967. विश्व का सबसे ठंडा मरुस्थल कौन सा है?
(क) गोबी (ख) तकला माकन
(ग) सोनोरन (घ) काराकुम

968. किस देश में (वर्ष 2010 तक) मृत्यु दर सर्वाधिक है?
(क) अफगानिस्तान (ख) कांगो गणराज्य
(ग) बोत्सवाना (घ) इथियोपिया

969. विश्व की सबसे बड़ी खाड़ी कौन सी है?
(क) बंगाल की खाड़ी (ख) फारस की खाड़ी
(ग) हडसन की खाड़ी (घ) मेक्सिको की खाड़ी

970. विश्व के किन देशों में उष्ण-कटिबंधीय सदाबहार वन पाए जाते हैं?
(क) कनाडा, पश्चिमी यूरोप, उत्तरी चीन
(ख) दक्षिणी अमेरिका (ब्राजील), कांगो बेसिन, द.-पू. एशिया
(ग) केंद्रीय अमेरिका, पश्चिमी अफ्रीका, इंडोनेशिया
(घ) पूर्वी अफ्रीका, मिस्र, ब्राजील

971. विश्व की किस जल संधि को 'भूमध्य सागर की कुंजी' कहा जाता है?
(क) जिब्राल्टर जल संधि
(ख) मलक्का जल संधि
(ग) टॉरस जल संधि
(घ) बेरिंग जल संधि

उत्तर के लिए कृपया पृष्ठ सं. 183-184 देखें।

972. न्यू गिनी और ऑस्ट्रेलिया के केप यार्क प्रायद्वीप को कौन सा जलडमरू मध्य अलग करता है?

(क) कुक जलडमरू मध्य (ख) डेविस जलडमरू मध्य

(ग) टॉरस जलडमरू मध्य (घ) उपर्युक्त में से कोई नहीं

973. किन दो देशों के बैफिन द्वीप को डेविस जलडमरू मध्य आपस में जोड़ता है?

(क) ऑस्ट्रेलिया और फिजी (ख) ग्रीनलैंड और कनाडा

(ग) स्वीडन और नॉर्वे (घ) आइसलैंड और अमेरिका

974. पाक जलसंधि किन दो देशों के बीच स्थित है, जो मन्नार एवं बंगाल की खाड़ी को आपस में जोड़ती है?

(क) बँगलादेश और म्याँमार (ख) भारत-श्रीलंका

(ग) बँगलादेश और श्रीलंका (घ) भारत-बँगलादेश

975. उत्तरी एवं दक्षिणी अमेरिका महाद्वीपों में कौन सी सब में प्राचीन राजधानी नगर है?

(क) हवाना (ख) पनामा सिटी

(ग) मेक्सिको सिटी (घ) पारामारिबो

976. विश्व के किस देश में (वर्ष 2010 तक) जन्म दर प्रति 1,000 व्यक्तियों पर सर्वाधिक है?

(क) नाइजर (ख) नाइजीरिया

(ग) अल्जीरिया (घ) रवांडा

977. विश्व में सर्वाधिक लिंगानुपात वाला कौन सा देश है?

(क) नाइजर (ख) कतर

(ग) जापान (घ) ऑस्ट्रेलिया

978. विश्व में सड़कों एवं रेल मार्गों की सर्वाधिक लंबाईवाला देश कौन सा है?

(क) अमेरिका (ख) चीन

(ग) भारत (घ) रूस

979. महासागरों के लिए अंतरराष्ट्रीय कानून (U.N. Conversation the Law of Sea) किस वर्ष बना था?

(क) वर्ष 1982 में (ख) वर्ष 1984 में

(ग) वर्ष 1989 में (घ) वर्ष 1993 में

उत्तर के लिए कृपया पृष्ठ सं. 184 देखें।

980. सोवियत संघ के किस पूर्व राष्ट्रपति (नेता) ने उदारीकरण की नीति अपनाते हुए आर्थिक उदारीकरण एवं राजनीतिक स्वतंत्रता की नीतियाँ 'ग्लास्नोस्ट' (Glasnost) एवं 'पेरेस्त्रोइका' (Perestroika) लागू की थीं?
(क) लियोनिद ब्रेझनेव (ख) मिखाइल गोर्बाचोव
(ग) निकिता ख्रुश्चेव (घ) व्लादीमिर लेनिन

981. विश्व का सबसे गहरा सागर कौन सा है?
(क) मेक्सिको की खाड़ी (ख) कैरिबियन सागर
(ग) ओरवोटस्क सागर (घ) दक्षिणी चीन सागर

982. कौन सा महासागर एक ओर एशिया को तो दूसरी ओर अमेरिका को स्पर्श करता है?
(क) अटलांटिक महासागर (ख) प्रशांत महासागर
(ग) आर्कटिक महासागर (घ) उपर्युक्त कोई नहीं

983. विश्व का सबसे बड़ा महासागर कौन सा है?
(क) प्रशांत महासागर (ख) हिंद महासागर
(ग) अटलांटिक महासागर (घ) आर्कटिक महासागर

984. अटलांटिक महासागर की आकृति किस आकार की है?
(क) 'L' आकार की (ख) 'S' आकार की
(ग) 'U' आकार की (घ) 'W' आकार की

985. जुलाई 2006 में भारतीय नौसेना द्वारा बेरुत (लेबनान) के युद्धग्रस्त क्षेत्रों से भारतीयों को सुरक्षित निकालने के लिए कौन सा ऑपरेशन चलाया गया था?
(क) ऑपरेशन सलाम (ख) ऑपरेशन विजय
(ग) ऑपरेशन सुकून (घ) ऑपरेशन साइलेंस

986. रूस का क्षेत्रफल लगभग कुल कितने वर्ग कि.मी. है?
(क) 10,875,100 वर्ग कि.मी. (ख) 14,575,400 वर्ग कि.मी.
(ग) 17,075,200 वर्ग कि.मी. (घ) 21,015,210 वर्ग कि.मी.

987. वर्ष 1750 में औद्योगिक क्रांति की शुरुआत कहाँ से हुई थी?
(क) फ्रांस (ख) इटली
(ग) जर्मनी (घ) इंग्लैंड

उत्तर के लिए कृपया पृष्ठ सं. 184 देखें।

988. दक्षिण-पूर्व एशिया का एकमात्र भू-आवेष्ठित (Land Loched) देश कौन सा है?

(क) मलेशिया	(ख) थाइलैंड
(ग) लाओस	(घ) इंडोनेशिया

989. 'यूरो कप' किस खेल से संबंधित है?

(क) पोलो	(ख) क्रिकेट
(ग) बेसबॉल	(घ) फुटबॉल

990. कौन सा समुद्री मार्ग विश्व का सबसे व्यस्ततम जलमार्ग है?

(क) प्रशांत महासागर मार्ग
(ख) भूमध्य सागरीय स्वेज मार्ग
(ग) दक्षिण अमेरिकी मार्ग
(घ) उत्तरी अटलांटिक महासागर मार्ग

991. विश्व-प्रसिद्ध चित्र 'मोनालिसा' किस देश के कलाकार की कृति है?

(क) फ्रांस	(ख) ब्रिटेन
(ग) इटली	(घ) जर्मनी

992. कौन सी जलधारा 'यूरोप का गर्म कंबल' (Warm Blanket of Europe) के उपनाम से जानी जाती है?

(क) इरमिंजर	(ख) बेंगुआ
(ग) कनारी	(घ) गल्फस्ट्रीम

993. पोल्डर्स (Polders) या समुद्र में सुखाई गई भूमि किस देश में पाई जाती है?

(क) स्वीडन	(ख) नीदरलैंड्स
(ग) डेनमार्क	(घ) नॉर्वे

994. ऑस्ट्रेलिया में भेड़-पालन केंद्रो पर काम करनेवाले मजदूरों को किस नाम से जाना जाता है?

(क) आइनू	(ख) जेकारू
(ग) फेल्लाह	(घ) कनारी

995. स्वेज नहर का निर्माण (वर्ष 1869 में) किसने किया था?

(क) फर्नांडीज डी लैसेप्स	(ख) रॉबर्ट पियरे
(ग) डेविड लिविंगस्टोन	(घ) एमंडसेन

उत्तर के लिए कृपया पृष्ठ सं. 184 देखें।

996. चीन के खोजकर्ता (वर्ष 1272 में) का क्या नाम है?

(क) वास्को-डि-गामा (ख) मार्को पोलो

(ग) प्रझेवाल्सकी (घ) कोलंबस

997. विश्व का सबसे ऊँचा जल-प्रपात कौन सा है?

(क) एंजिल (वेनेजुएला) (ख) कुकवेनन (वेनेजुएला)

(ग) रिब्बोन (कैलीफोर्निया) (घ) तुगेला (द. अफ्रीका)

998. किस देश की राजधानी हैमिल्टन है?

(क) बरमुडा (ख) बारबाडोस

(ग) बुल्गारिया (घ) बर्किनो फासो

999. विश्व में सर्वाधिक शाखाओं वाला बैंक आई.सी.बी.सी (ICBC) किस देश का बैंक है?

(क) जापान का (ख) चीन का

(ग) रूस का (घ) अमेरिका का

1000. हाल ही में ब्रिटेन के वेस्टमिंस्टर स्थित ऐतिहासिक 'बिग बैन क्लॉक टावर' का नाम अब क्या कर दिया गया है?

(क) विक्टोरिया टावर (ख) एलिजाबेथ टावर

(ग) फ्रीडम टावर (घ) लिबर्टी टावर

□

उत्तर के लिए कृपया पृष्ठ सं. 184 देखें।

उत्तर माला

1
विश्व : एक परिचय

1. (घ) 262
2. (ग) क्यूबा
3. (ग) अर्जेंटीना, ब्राजील और चिली
4. (ख) दक्षिणी सूडान (9 जुलाई, 2011 को स्वतंत्र राष्ट्र के रूप में अस्तित्व में आया, दक्षिणी सूडान संयुक्त राष्ट्र का 193वाँ सदस्य बना।)
5. (ग) फिलिस्तीन
6. (क) जन सहयोग के लिए अंतरराष्ट्रीय वर्ष
7. (घ) उपर्युक्त सभी
8. (घ) अर्मीनिया
9. (घ) स्विट्जरलैंड
10. (ख) क्योंकि इक्वाडोर/ भूमध्य रेखा के इस देश से गुजरने के कारण।
11. (क) उत्तरी अमेरिका
12. (ग) डेनमार्क
13. (क) इथोपिया और जिबूती
14. (क) रूस
15. (घ) सातवाँ
16. (क) वेटिकन सिटी
17. (ग) रेडक्लिफ रेखा
18. (ग) भारत एवं चीन
19. (ग) अमेरिक एवं कनाडा
20. (ख) उत्तरी एवं दक्षिण कोरिया
21. (क) मैगनेट रेखा
22. (ग) लीबिया
23. (ख) नेपाल
24. (ख) जापान
25. (क) ग्रीस (यूनान)
26. (ख) कजाकिस्तान
27. (ग) 50 राज्य
28. (ख) अमेरिका
29. (क) बड़ा गाँव
30. (ग) इटली : मैपल पत्ती
31. (क) सोने की रॉड
32. (ख) कनाडा
33. (ख) पोलैंड
34. (ग) बाज
35. (क) ड्रैगन
36. (ग) चमेली का फूल
37. (ख) रूस : 14 जुलाई
38. (घ) 14 जुलाई (बास्तील दिवस का इतिहास फ्रांस की 1789 की क्रांति से जुड़ा है, जिसने स्वतंत्रता, समानता व भ्रातृत्व का नारा विश्व को दिया)
39. (क) 4 जुलाई
40. (ग) संयुक्त अरब अमीरात
41. (ग) कोरिया गणतंत्र
42. (ग) 27 अप्रैल
43. (ग) सर्प का वर्ष

44. (ग) इंडोनेशिया
45. (ख) अटलांटिक महासागर में
46. (क) पूर्वी तिमोर
47. (ग) लाओस
48. (ग) ताजिकिस्तान (ताजिकिस्तान की राजधानी दुशानवे है, जबकि किर्गिस्तान की राजधानी बिशकेक है)
49. (ग) आइलैंड
50. (ख) ब्रिटेन
51. (घ) उपर्युक्त सभी
52. (क) श्वेत पत्र/व्हाइट पेपर
53. (ग) ग्रे बुक
54. (ग) यूनान (ग्रीस) (यह यूनान का नहीं, बल्कि ब्राजील का राष्ट्रीय स्मारक है।)
55. (ग) रूस
56. (ख) सात (सं.अ.अ.)
57. (ग) चीन
58. (ख) जापान
59. (ग) पाँच
60. (ख) चीन
61. (ख) डी. उदयकुमार
62. (ग) सेशीलीस
63. (ग) 1 जनवरी, 2002
64. (घ) सत्रह
65. (ग) ब्रिटेन
66. (घ) 1 अक्तूबर, 2009
67. (ख) सन् 1993
68. (क) 17 फरवरी, 2008
69. (ख) सर्बिया मोंटेनेग्रो (वर्ष 2006 में मोंटेनेग्रो के द्वारा स्वतंत्र व संप्रभु राष्ट्र बन जाने के बाद अब केवल यूगोस्लाविया में सर्बिया ही शेष है)
70. (ग) दक्षिण कोरिया
71. (क) बोत्सवाना
72. (ग) लापाज (बोलीविया)
73. (ख) ईरान
74. (घ) उपर्युक्त सभी
75. (ग) बीजिंग-मंचूरिया (चीन)
76. (ग) बुर्ज दुबई (या बुर्ज खलीफा) (सं. अ. अमीरात)
77. (ग) 125वीं
78. (घ) चीन
79. (ख) नॉर्वे
80. (ख) 134 करोड़

2

इतिहास

81. (ग) यूनानियों तथा ईरानियों
82. (क) इंग्लैंड और फ्रांस
83. (ख) इस दिन ब्रिटेन के तत्कालीन सम्राट् जॉन को उसके सामंतों द्वारा मानवाधिकारों को मान्यता देनेवाले घोषणा-पत्र पर हस्ताक्षर करने हेतु विवश किया गया था। (इसे 'मैग्नाकार्टा' भी कहा जाता है)
84. (ख) सन् 1498
85. (ग) सन् 1558 से 1603 तक
86. (घ) विलियम
87. (ख) ब्रिटेन
88. (ख) 4 जुलाई, 1776
89. (घ) सन् 1789
90. (ख) सन् 1805
91. (ख) वह ड्यूक ऑफ वेलिंगटन के नेतृत्व में ब्रिटिश सेना तथा नेपोलियन के नेतृत्व में फ्रांसीसी सेना के बीच हुआ था।

92. (क) बेल्जियम
93. (क) ब्रिटेन व फ्रांस की सेनाओं ने रूस को पराजित किया।
94. (क) सन् 1861 से 65 तक
95. (ख) सन् 1904-05
96. (ग) अक्तूबर
97. (घ) सन् 1915-21
98. (ख) अमेरिका
99. (ग) सन् 1914-18
100. (क) सर्बिया
101. (ग) अमेरिकी सीनेट ने वार्साय की संधि को मान्यता नहीं दी थी, जिसके अंतर्गत 'राष्ट्र संघ' का जन्म हुआ था।
102. (ख) सन् 1939 से 1945 तक
103. (क) अमेरिका ने
104. (ख) सन् 1949 में
105. (ख) सन् 1956 में
106. (ख) कर्नल नासिर (मिस्र) द्वारा स्वेज नहर का राष्ट्रीयकरण करने के कारण।
107. (क) इजराइल
108. (ख) सन् 1980 से 88 तक
109. (ख) ताशकंद
110. (ख) 29 अप्रैल, 1954
111. (क) सन् 1962
112. (ग) बँगलादेश
113. (ख) 3 अक्तूबर, 1990
114. (क) 25 दिसंबर, 1991
115. (ख) सन् 1999
116. (क) सन् 1991
117. (क) इराक
118. (ख) 7 अक्तूबर, 2001
119. (ख) 20 मार्च, 2003

3
राष्ट्रपति एवं प्रधानमंत्री

120. (ख) जॉन एफ. केनेडी—रिचर्ड एन. निक्सन—जेम्स. ई. कार्टर— रोनाल्ड रीगन
121. (घ) 44वें
122. (ग) कनाडा
123. (घ) उपर्युक्त सभी
124. (घ) ब्रिटेन
125. (ग) मिखाइल गोर्बाचोव
126. (ग) तीन बार (पुतिन तीसरी बार रूस के राष्ट्रपति 4 मार्च, 2012 को बने। इस बार उनका कार्यकाल 6 वर्ष का होगा)
127. (ख) बोरिस येल्तसिन
128. (ख) शी जिनपिंग (चीन के नए राष्ट्रपति के रूप में उन्हें अक्तूबर 2012 में 18वीं सी.पी.सी. में चुना गया। इन्होंने अपना पद ग्रहण मार्च 2013 में किया।)
129. (ग) सन् 1994 से 1999 तक
130. (ग) जैकब जुमा
131. (क) जिंबाब्वे
132. (ख) योवेरी मुसेवेनी
133. (घ) हसन रुहानी
134. (क) इंडोनेशिया
135. (ख) क्यूबा (फिदेल कास्त्रो ने क्यूबा में 50 वर्षों तक शासन के बाद फरवरी 2008 में राष्ट्रपति पद से त्यागपत्र दिया तथा सत्ता की बागडोर अपने भाई राउल कास्त्रो को सौंपी)
136. (क) वेनेजुएला
137. (ग) रूस

138. (क) वेनेजुएला
139. (ग) श्रीलंका
140. (ख) मलेशिया
141. (घ) ब्राजील
142. (घ) उपर्युक्त सभी
143. (ग) गुयाना
144. (ख) डोनाल्ड रामोतार
145. (घ) मलेशिया
146. (ख) लूसियाना
147. (ख) मुअम्मर गद्दाफी (लीबिया) [गद्दाफी सर्वाधिक 42 वर्षों तक (1969 से 2011 तक) लीबिया के राष्ट्रपति रहे। जबकि अली सालेह 33 वर्षों तक यमन के राष्ट्रपति रहे। होस्नी मुबारक 30 वर्षों तक (1981 से 2011 तक) मिस्र के राष्ट्रपति रहे। बेन अली 23 वर्षों तक ट्यूनीशिया के राष्ट्रपति रहे।]
148. (ग) महमूद अब्बास
149. (क) किम जोंग उन
150. (ग) शाह अब्दुल्ला
151. (क) आसिफ अली जरदारी
152. (ख) श्रीलंका
153. (ग) हामिद करजई (वर्ष 2001 के अंत में करजई अफगानिस्तान के अंतरिम प्रशासन के अध्यक्ष चुने गए थे। 13 जून, 2002 को लोया जिरगा ने भी उन्हें ही ट्रांजिशलन सरकार का अध्यक्ष चुना था। पहली बार 9 अक्तूबर, 2004 को संपन्न चुनाव में उन्हें अफगानिस्तान का राष्ट्रपति चुना गया। वर्ष 2009 में भी करजई अफगानिस्तान के राष्ट्रपति निर्वाचित हुए।)
154. (ख) प्रचंड (पुष्प कमल दहल)
155. (ख) मोहम्मद अली नशीद
156. (ख) 6 नवंबर, 2008 (भूटान के चौथे नरेश, जिग्मे सिंग्में वांगचुक ने अपने पुत्र जिग्मे खेसर वांगचुक को वर्ष 2006 में ही नरेश घोषित कर दिया था, किंतु उनका राज्याभिषेक नवंबर 2008 में हुआ)
157. (ग) थीन सीन
158. (क) थाइलैंड
159. (ख) हाजी हसन अल बोलकिया
160. (ग) स्वीडन
161. (ग) 736
162. (घ) जर्मनी
163. (ख) 100 वर्ष
164. (क) नेशनल पीपुल्स काउंसिल
165. (ग) जापान
166. (ख) जर्मनी चेंबर ऑफ डिपुटीज व सीनेट
167. (क) हाउस ऑफ कॉमंस एवं हाउस ऑफ लॉर्ड्स

4

महिलाएँ

168. (क) इसाबेल मार्टिनेज (अर्जेंटीना)
169. (ख) सन् 1966 में
170. (ग) सन् 1988 में
171. (ख) खालिदा जिया
172. (क) फिलीपींस
173. (ग) इंडोनेशिया
174. (ख) 1979 से 1990 तक
175. (ख) आयरलैंड

176. (क) चिली में
177. (ग) एंजेला मार्केल
178. (घ) अर्जेंटीना
179. (ग) जुलाई 2007
180. (ख) शेख हसीना वाजेद
181. (घ) त्रिनिदाद एवं टोबैगो
182. (क) जूलिया गिलार्ड
183. (ख) ब्राजील
184. (ख) थिंगलुक शिनोवात्रा
185. (ग) डेनमार्क
186. (ख) पाक जियुन-हाई
187. (क) नैंसी पेलोसी
188. (ग) अलास्का
189. (क) साउथ कैरोलिना
190. (ग) हिना रब्बानी खार
191. (ग) न्यूजीलैंड
192. (ख) सन् 1901
193. (ख) नॉर्वे
194. (ख) सन् 1916
195. (ख) सन् 1920
196. (घ) सन् 1928
197. (क) इटली
198. (क) वर्ष 1971
199. (घ) उपर्युवत सभी
200. (घ) 6 फरवरी, 2012
201. (ग) डेनमार्क
202. (ख) ऐलन जॉनसन सरलीफ (लाइबेरिया)
203. (घ) रवांडा
204. (घ) सन् 2005 में
205. (ख) सन् 2015 में
206. (क) 8 मार्च
207. (ख) वर्ष 1975
208. (ग) मेक्सिको
209. (क) कोपेनहेगन (डेनमार्क) में
210. (ख) सन् 1980
211. (क) सन् 1985
212. (घ) बीजिंग में
213. (ख) 18 दिसंबर, 1979
214. (ख) सन् 1946
215. (ख) सन् 1952
216. (क) सन् 1976
217. (ख) 1 जनवरी, 2011
218. (ग) 4
219. (घ) उपर्युक्त सभी
220. (ख) मिशेल बचेलट

5
महाद्वीप

221. (ख) एशिया
222. (ख) अरब का प्रायद्वीप
223. (ग) एशिया में विश्व के सर्वाधिक जलयान बनाने वाला देश इंडोनेशिया है।
224. (ग) एशिया
225. (ख) पूर्व
226. (ख) यांग टी जी
227. (ख) जापान
228. (ग) थाइलैंड
229. (ख) भूटान
230. (ग) थाइलैंड : (ख) लैंड ऑफ मिलियन एलिफेंट
231. (क) बहरीन
232. (घ) कोरिया
233. (ग) प्रायद्वीपों का महाद्वीप
234. (ग) यूरेशिया
235. (क) मिस्र
236. (घ) इस्तांबुल
237. (ग) 5 जून
238. (घ) सिएम : ताइवान
239. (ग) फिनलैंड

240. (ख) नॉर्वे
241. (घ) ब्रिटेन
242. (क) रोम,
243. (ख) जर्मनी : (घ) यूरोप के बारूद का पीपा (पावर केग ऑफ यूरोप)
244. (ख) स्विट्जरलैंड
245. (क) स्वीडन
246. (घ) उपर्युक्त सभी
247. (घ) लैंड ऑफ केक्स
248. (ख) तुर्की
249. (ग) ऑक्सफोर्ड
250. (क) बेलग्रेड (यूगोस्लाविया)
251. (घ) यह विश्व का सबसे छोटा महाद्वीप है
252. (घ) डेन्यूब नदी : वारसा
253. (क) मोस्कवा
254. (ग) सीन नदी
255. (ख) बॉन
256. (क) डेन्यूब
257. (ख) लीना नदी
258. (ग) माउंट एलबुर्ज
259. (ग) लक्जमबर्ग
260. (ख) अफ्रीका
261. (ख) 25 मई
262. (क) अफ्रीका महाद्वीप
263. (ग) सुमालीलैंड प्रायद्वीप
264. (ख) अफ्रीका
265. (क) दक्षिण अफ्रीका
266. (क) अफ्रीका
267. (ग) अफ्रीका महाद्वीप
268. (घ) अफ्रीका
269. (ग) यूरोप
270. (घ) उपर्युक्त सभी
271. (ध) नाइजीरिया
272. (ख) तंजानिया
273. (ख) नील नदी
274. (ख) लिंपोपी नदी
275. (क) पठारी महाद्वीप
276. (ग) फ्रेंच पश्चिमी अफ्रीका (इथियोपिया)
277. (ग) नाइजीरिया
278. (ख) एटलस
279. (क) कंबोडिया और वियतनाम
280. (ख) न्यूयॉर्क
281. (ग) शानदार दरियों का शहर
282. (घ) सैन फ्रांसिस्को
283. (ग) मेक्सिको
284. (क) हडसन नदी
285. (ख) पोटामन
286. (क) अमेरिका
287. (ग) बोलीविया और पैराग्वे
288. (घ) कंबोडिया
289. (क) गुयाना
290. (घ) उपर्युक्त सभी
291. (घ) उपर्युक्त सभी
292. (घ) ब्राजील
293. (ग) दक्षिण अमेरिका
294. (क) ब्राजील
295. (ग) विश्व में सर्वाधिक ऊँचाई पर बने सर्वाधिक रेल मार्ग पेरू में हैं
296. (क) पुंतास ऐटीनाज
297. (क) अमेजन
298. (ख) ऑस्ट्रेलिया महाद्वीप
299. (घ) उपर्युक्त सभी
300. (ख) न्यूजीलैंड
301. (ग) मकर रेखा
302. (ख) ओसीनिया
303. (ख) ऑस्ट्रेलिया
304. (ग) ऑस्ट्रेलिया
305. (क) ऑस्ट्रेलिया

306. (घ) इस महाद्वीप की खोज कोलंबस ने की थी
307. (ख) ऑस्ट्रेलिया

6
अंटार्कटिक

308. (ख) आर्कटिक का उलटा
309. (क) जेम्स कुक
310. (ख) विज्ञान के लिए समर्पित महाद्वीप
311. (घ) उपर्युक्त सभी
312. (घ) 98 प्रतिशत
313. (ख) पाँचवाँ
314. (ख) 10 प्रतिशत
315. (ख) 1959 में 12 देशों के बीच
316. (क) 23 जून, 1961
317. (ख) 1983
318. (घ) अंटार्कटिक
319. (क) आइस कैप एवं आइस सीट
320. (ख) पाल्मर
321. (क) एर्ब्रुस
322. (घ) उपर्युक्त सभी
323. (ख) मैसिफ पर्वत
324. (घ) अंटार्कटिक का विस्तार उत्तरी ध्रुव के आसपास है
325. (ख) अर्जेंटीना
326. (घ) अल्मेर ब्राउन
327. (घ) उपर्युक्त सभी
328. (ग) रूस : स्कॉट
329. (क) द. अफ्रीका
330. (ख) अर्तुरा प्रैट
331. (ख) तीन
332. (ख) दक्षिण गंगोत्री
333. (ख) वर्ष 1993 में
334. (ग) भारती
335. (घ) उपर्युक्त सभी पर
336. (ग) डॉ. जी.एस. सिरोही
337. (ख) 6 दिसंबर, 1981
338. (घ) 30 अभियान दल
339. (ग) गोवा
340. (क) भारतीय वैज्ञानिकों द्वारा अंटार्कटिक में खोजा गया एक पर्वत
341. (ग) कपिल सिब्बल
342. (ग) हिमाद्री
343. (ख) ग्यारहवाँ
344. (घ) उपर्युक्त सभी
345. (ख) थाइलैंड
346. (क) रूस
347. (ग) रूस एवं नॉर्वे

7
अंतरिक्ष

348. (क) 4 अक्तूबर, 1957
349. (ख) यूरी गागरिन (सोवियत संघ)
350. (ग) नील आर्मस्ट्रांग
351. (ख) 17 जुलाई, 1975
352. (ख) बिल शेफर्ड एवं यूरी गिडजेंको
353. (घ) सुनीता विलियम्स
354. (क) वेलेंतीना तेरेश्कोवा
355. (ग) 1 फरवरी, 2003
356. (ख) चीन
357. (ख) नेशनल एयरोनॉटिक्स एंड स्पेस एडमिनिस्ट्रेशन
358. (ख) केप केनवेरल केनेडी अंतरिक्ष केंद्र
359. (घ) बैकानूर अंतरिक्ष केंद्र
360. (ग) वर्ष 2011 में
361. (ख) राकेश शर्मा
362. (ग) वर्ष 1969

363. (ख) फ्रेंच गुयाना
364. (ग) 22 अक्तूबर, 2008 को
365. (घ) 9 सितंबर, 2012
366. (ग) डेनिस टीटो
367. (ग) अनुशेह अंसारी
368. (ग) वर्ष 2006
369. (ख) यूरोपीय संघ द्वारा विकसित एक बहु-उपग्रह संचालन परियोजना

8
आविष्कार

370. (ग) मैडम क्यूरी
371. (क) अल्फ्रेड नोबेल
372. (घ) डब्ल्यू. शोकले : बाइसिकिल
373. (ख) न्यूटन
374. (क) जेम्स वाट
375. (ख) आइंस्टीन
376. (घ) हर्ट्ज
377. (घ) पोलैंड
378. (ग) गैलीलियो
379. (क) स्टीफन हॉकिंग
380. (क) अल्बर्ट आइंस्टीन
381. (ग) माइकल फैराडे
382. (क) प्रथम बार मानव भ्रूण का क्लोनीकरण (जर्मनी)
383. (घ) जी. मारकोनी
384. (क) जे.एल. बेयर्ड
385. (ग) द ब्रीफ हिस्टरी ऑफ टाइम
386. (ख) सी.वी. रमण
387. (ख) इटली
388. (ग) लुई ब्रेल
389. (क) हरगोविंद खुराना
390. (क) चार्ल्स बेवेज
391. (घ) वाई/2 के
392. (घ) 2 सितंबर, 2009
393. (ख) 1.5 अरब
394. (क) चीन
395. (ग) चौथा
396. (क) रे-टॉमिल्सन
397. (क) टिम बर्न्स ली

9
पर्यावरण

398. (क) स्टॉकहोम (स्वीडन
399. (ख) 5 जून
400. (ख) जापान
401. (ख) 16 फरवरी, 2005
402. (ग) रिओ डी जेनेरियो (ब्राजील)
403. (घ) एजेंडा-21
404. (घ) जोहांसबर्ग (दक्षिण अफ्रीका)
405. (ग) मालदीव
406. (घ) नेपाल
407. (क) ग्रीन पीस
408. (क) सन् 1961
409. (ख) प्रकृति हेतु विश्वव्यापी कोष (WWF)
410. (घ) ग्लांड (स्विट्जरलैंड)
411. (घ) उपर्युक्त सभी
412. (क) ग्रीन पीस
413. (ग) पांडा
414. (घ) कनाडा एवं दक्षिण अफ्रीका
415. (ग) डरबन (द. अफ्रीका)
416. (क) ब्राजील के शहर रियो डी जेनेरियो में 20-22 जून, 2012 के मध्य संपन्न एक जीवांत विकास पर संयुक्त राष्ट्र सम्मेलन
417. (ख) न्यूजीलैंड
418. (क) वांगरी मथाई (कीनिया)

419. (घ) अमेरिका
420. (ख) नीदरलैंड्स

10
कृषि एवं उद्योग-धंधे

421. (ग) इटली : तंबाकू, चीनी उद्योग
422. (क) अमेरिका
423. (ग) पेपर व छापाखाना उद्योग
424. (क) खजूर
425. (क) क्यूबा
426. (क) ब्राजील
427. (घ) बोकारो : संयुक्त राज्य अमेरिका
428. (ख) यूक्रेन
429. (घ) मिस्र
430. (ग) इटली
431. (क) आइवरी कोस्ट
432. (ग) ब्राजील
433. (क) फिल्म उद्योग
434. (क) अर्जेंटीना
435. (क) न्यूयॉर्क : फिल्म उद्योग
436. (ख) एसिन
437. (क) सोने की खान
438. (ग) प्लाईमाउथ
439. (क) चीनी मिट्टी के बरतन एवं दरी
440. (घ) काँच का सामान
441. (घ) जूट
442. (क) टोक्यो व याकोहामा
443. (ख) चिली
444. (क) चाँदी
445. (ख) अभ्रक
446. (घ) कनाडा
447. (क) ऑस्ट्रेलिया
448. (घ) उपर्युक्त सभी
449. (घ) संयुक्त राज्य अमेरिका
450. (क) सऊदी अरब
451. (घ) थाइलैंड
452. (क) सं. रा. अमेरिका
453. (ग) होंशू
454. (ख) जापान, सं. रा. अमेरिका, चीन
455. (ख) खनिज तेल
456. (घ) लौह अयस्क की खानों के लिए
457. (क) साओ पोलो
458. (क) असापा
459. (ग) रूस
460. (क) टैगा जलवायु
461. (ख) चीन-भारत-अमेरिका-रूस
462. (ग) चेन्ना
463. (घ) ताइवान
464. (क) फ्रांस

11
संयुक्त राष्ट्र संघ

465. (ख) 24 अक्तूबर, 1945
466. (ग) सैन फ्रांसिस्को सम्मेलन
467. (घ) 193
468. (ग) 10 जनवरी, 1946 को लंदन में
469. (ख) 51
470. (घ) यूनेस्को (UNESCO)
471. (घ) महासभा
472. (क) नवंबर 1950
473. (ग) न्यूयॉर्क (अमेरिका)
474. (घ) यू थांट
475. (ख) जेवियर पेरेज द कुइयार
476. (ख) 5 वर्ष
477. (ख) बान की मून
478. (घ) पंद्रह
479. (ख) हेग (नीदरलैंड्स)

480. (ग) पंद्रह
481. (ख) चीन और फ्रांस
482. (ख) पाँच
483. (घ) सात बार
484. (घ) वर्ष 2011 से 2012 तक
485. (घ) दलवीर भंडारी
486. (घ) 54
487. (घ) अफ्रीका से
488. (ख) तीन
489. (ख) हेम्मर्सजोल्ड लाइब्रेरी
490. (ख) चीनी, अरबी एवं स्पेनिश
491. (ख) वर्ष 2001 में
492. (ख) स्विट्जरलैंड
493. (क) मोंटेनेग्रो
494. (ग) नॉर्वे
495. (ग) 1 जुलाई, 2002
496. (ग) 18
497. (ख) लाइबेरिया
498. (ख) सन् 2015
499. (क) अंकटाड–II सम्मेलन (1968)
500. (ख) न्यूयॉर्क (अमेरिका)
501. (ख) संयुक्त राष्ट्र विकास कार्यक्रम (U.N.D.P.)
502. (ग) नैरोबी (कीनिया)
503. (ग) पेरिस (फ्रांस)
504. (ख) यूनेस्को (UNESCO)
505. (ख) अंतरराष्ट्रीय पुनर्निर्माण एवं विकास बैंक (विश्व बैंक) तथा अंतरराष्ट्रीय मुद्रा कोष
506. (ख) अंतरराष्ट्रीय मुद्रा कोष
507. (ख) अंतरराष्ट्रीय विकास संघ
508. (क) वर्ल्ड डेवलपमेंट रिपोर्ट
509. (ग) जिम योंग किम
510. (ग) वाशिंगटन डी.सी. (अमेरिका)

12
अंतरराष्ट्रीय संगठन

511. (ग) 26 मई, 2001
512. (घ) डरबन (द. अफ्रीका)
513. (घ) 53
514. (ग) मोरक्को
515. (ग) आदिस अबाबा (इथोपिया)
516. (क) सन् 1945 में
517. (ग) 22
518. (ख) काहिरा (मिस्र)
519. (ग) इंडोनेशिया
520. (क) थाइलैंड
521. (घ) उपर्युक्त सभी
522. (क) मनीला (फिलीपींस)
523. (घ) सन् 1989 में
524. (ग) ब्राजील
525. (क) सिंगापुर
526. (ख) 21
527. (ख) 8 अगस्त, 1967
528. (ग) सन् 2005 से
529. (क) जकार्ता (इंडोनेशिया)
530. (घ) बेलारूस
531. (क) सन् 1973 में
532. (घ) मलेशिया
533. (ग) अलमाटी (कजाकिस्तान)
534. (घ) मिस्र
535. (ख) मिंस्क (बेलारूस)
536. (घ) 54
537. (क) सन् 1983 में
538. (ख) कमलेश शर्मा
539. (ग) नोवा स्कॉरिया (कनाडा)
540. (ग) हेनरी दुनांत
541. (ग) लियोन (फ्रांस)
542. (ग) दक्षिणी अमेरिका
543. (घ) 118

544. (घ) सातवाँ शिखर सम्मेलन
545. (ख) तेहरान (ईरान)
546. (क) ब्रिटेन
547. (ख) नॉर्थ अटलांटिक ट्रीटी ऑर्गेनाइजेशन (NATO)
548. (ख) अल्बानिया और क्रोएशिया
549. (ख) ब्रुसेल्स (बेल्जियम)
550. (घ) 45
551. (ख) तुर्कमेनिस्तान
552. (ग) अफगानिस्तान
553. (क) ओपेक
554. (ख) रियाद (सऊदी अरब)
555. (ख) अफगानिस्तान
556. (घ) सोलहवाँ शिखर सम्मेलन (2010)
557. (ग) जेद्दाह (सऊदी अरब)
558. (क) क्लॉस एम. श्वाब
559. (ख) स्विट्जरलैंड
560. (ख) रोम की संधि, 1957
561. (ग) 'शेजन संधि क्षेत्र' में शामिल देशों के नागरिकों हेतु क्षेत्र के अन्य देशों की यात्रा हेतु पासपोर्ट की अनिवार्यता नहीं है
562. (ख) लक्जमबर्ग
563. (ग) 25
564. (क) स्विट्जरलैंड
565. (क) मेस्ट्रिच की संधि
566. (क) बुल्गारिया और रोमानिया
567. (ख) क्रोएशिया
568. (ग) स्विट्जरलैंड
569. (घ) ब्रुसेल्स (बेल्जियम)
570. (क) ब्रिटेन
571. (क) सन् 2000
572. (घ) 13 दिसंबर, 2007
573. (क) एस्टोनिया
574. (ग) सन् 1971 में
575. (घ) एम्सटरडम (नीदरलैंड्स)
576. (क) चीन
577. (ग) रूस
578. (क) समूह-10
579. (घ) उपर्युक्त सभी
580. (ख) सन् 2001 में
581. (ग) मॉरीशस
582. (ख) जोहांसबर्ग (द. अफ्रीका)
583. (क) गैट (GATT)
584. (ग) जेनेवा (स्विट्जरलैंड)
585. (ख) पश्चिमी अफ्रीका

13
राजनीतिक हत्याएँ एवं तख्ता-पलट

586. (ख) सन् 1951 में
587. (ग) सन् 1959 में
588. (ख) सन् 1962 में
589. (ख) मिल्टन ओबोती
590. (ख) 22 नवंबर, 1963
591. (घ) सन् 1968 में
592. (ख) जहीर शाह
593. (क) सन् 1973 में
594. (घ) 15 अगस्त, 1975
595. (ख) जिया-उल-हक
596. (ग) सऊदी अरब
597. (ख) 6 अक्तूबर, 1981
598. (ग) 31 अक्तूबर, 1984
599. (ख) 21 मई, 1991 को श्री पेरूंबुदुर में
600. (ख) 12 अक्तूबर, 1999
601. (क) महेंद्र चौधरी
602. (क) सन् 2001 में
603. (ख) 1 जून, 2001 को
604. (क) सर्बिया
605. (घ) अखमद कादिरोव

606. (ग) 20 मार्च, 2003
607. (घ) 14 दिसंबर, 2003 को तिकरित में
608. (घ) 30 दिसंबर, 2006
609. (ख) लाइसेनिया करासे
610. (ख) 19 सितंबर, 2006
611. (ख) 11 नवंबर, 2004 को पेरिस में
612. (ख) 27 दिसंबर, 2007 को रावलपिंडी में
613. (ख) 28 मई, 2008
614. (ख) लनसाना कोटे
615. (घ) होंडुरास
616. (ख) दक्षिण कोरिया
617. (घ) 17 दिसंबर, 2011
618. (ख) 4 जनवरी, 2011
619. (ग) 13 नवंबर, 2010
620. (ख) ट्यूनीशिया
621. (क) सऊदी अरब
622. (ख) 11 फरवरी, 2011
623. (ग) 20 अक्तूबर, 2011
624. (ख) 27 फरवरी, 2012
625. (ख) माली
626. (ख) 18 अगस्त, 2008 को
627. (ग) 10 मार्च, 2011
628. (ग) मालदीव

14

आतंकवाद

629. (घ) 11 सितंबर, 2001
630. (ख) 1 मई, 2011 को एबटाबाद में
631. (ग) वाशिंगटन
632. (क) ऑपरेशन एंडयोरिंग फ्रीडम
633. (क) ऑपरेशन इराकी फ्रीडम
634. (घ) क्यूबा
635. (ग) नाइचो
636. (ख) सेंट्रल इंटेलिजेंस एजेंसी (सी.आई.ए.) एवं फेडरल ब्यूरो ऑफ इन्वेस्टिगेशन (एफ.बी.आई.)
637. (ख) पाकिस्तान
638. (घ) मिस्र : अल मुखबरात
639. (क) लेबनान
640. (क) कु क्लुक्स क्लान (के.के.के.)
641. (ग) रेड आर्मी गुट
642. (ख) 18 मई, 2009
643. (ख) उत्तरी कोरिया, ईरान एवं इराक
644. (ग) पाकिस्तान
645. (ख) कांगो लोकतांत्रिक गणराज्य
646. (ग) स्पेन
647. (घ) 18 दिसंबर, 2011
648. (ख) अमेरिका एवं रूस में
649. (क) सन् 1974 में
650. (ख) सन् 1998 में
651. (ख) 9 अक्तूबर, 2006
652. (ग) न्यूयॉर्क
653. (ख) सन् 1974 में
654. (ग) चीन
655. (ग) सन् 2006 में
656. (ख) सन् 1996
657. (ख) 44 देशों द्वारा
658. (घ) उपर्युक्त सभी
659. (ख) उत्पीड़न के लिए
660. (क) बुल्गारिया और यूनान
661. (ग) जापान
662. (ग) तालिबान के आतंक के कारण

15

जनसंख्या

663. (ख) 19.4 प्रतिशत

664. (क) बँगलादेश
665. (घ) शंघाई
666. (ख) एशिया, अफ्रीका, यूरोप, उत्तरी अमेरिका
667. (ग) वेटिकन सिटी
668. (ख) 48 प्रतिशत
669. (क) अमेरिका
670. (ग) 121.02 करोड़
671. (ख) 17.5 प्रतिशत
672. (ग) उपर्युक्त 'क' एवं 'ख' दोनों
673. (ख) चीन, अमेरिका, इंडोनेशिया, ब्राजील
674. (ख) मुंबई
675. (ख) 31.80 प्रतिशत
676. (क) सन् 1800
677. (क) 11 जुलाई, 1987
678. (ख) 11 जुलाई
679. (ख) 31 अक्तूबर, 2011 को फिलीपींस में
680. (घ) चीन
681. (क) बँगलादेश

16
भाषा

682. (ख) 2,796 भाषाएँ
683. (ख) अरबी
684. (क) चीनी
685. (ग) मंदारिन
686. (घ) 93 देशों में
687. (क) स्पेनिश-अरबी-फ्रेंच
688. (क) बँगला
689. (क) सिंगापुर
690. (ग) अमरीकी महाद्वीप
691. (ग) नीदरलैंड्स
692. (ख) तुर्कमेनिस्तान : ताभिक
693. (क) सूरीनाम
694. (ग) मालदीव
695. (ग) वियतनाम
696. (क) ऑस्ट्रिया
697. (घ) जर्मन
698. (घ) तुर्की
699. (क) श्रीलंका
700. (घ) खमेर
701. (ख) ईरान
702. (क) 8 सितंबर
703. (घ) उपर्युक्त सभी
704. (ग) नाइजर

17
धर्म

705. (ग) ईसाई धर्म
706. (घ) बाइबिल
707. (ख) यहूदी धर्म
708. (घ) मक्का (सऊदी अरब)
709. (ग) जापान
710. (ग) जरथुस्त्र
711. (क) जेंद अवेस्ता
712. (ख) हीनयान एवं महायान
713. (क) जापान एवं थाइलैंड
714. (ग) पोप जॉन पॉल द्वितीय
715. (ग) 14वें
716. (ग) रूस
717. (क) फ्रांस
718. (ख) लेसांग दोजे
719. (क) श्रीलंका
720. (ख) मलेशिया
721. (घ) मिशनरीज ऑफ चैरिटी
722. (ख) सन् 2003 में
723. (घ) सिस्टर अल्फोजा
724. (क) जर्मनी

725. (घ) 28 फरवरी, 2013
726. (घ) चीन
727. (ग) अल्बानिया
728. (ग) शिकागो (अमेरिका)
729. (क) चीन में एक आध्यात्मिक आंदोलन है
730. (ख) सन् 2001
731. (घ) कंबोडिया एवं थाईलैंड
732. (ग) लेबनान

18
मीडिया

733. (ख) मार्क जुकरबर्ग
734. (घ) 90 करोड़
735. (क) चीन
736. (घ) उपर्युक्त सभी
737. (ग) सन् 2006
738. (ग) सैन फ्रांसिस्को (सं.रा. अमेरिका)
739. (ग) 140
740. (क) सगई ब्रिन एवं लैरी पेज
741. (ख) Yet Another Hierarchical Officions Oracle
742. (ग) 28 जून, 2011
743. (ख) ब्राजील
744. (ख) 15 जनवरी, 2001 को जिमी वेल्स एवं लारी सानोट
745. (ग) 1.8 करोड़
746. (ग) 18 जनवरी, 2012
747. (ग) जूलियन असांजे
748. (क) 3 मई
749. (ख) एसोसिएटेड प्रेस
750. (क) अमेरिका
751. (ख) एजेंसी पेरीसीनी द प्रेस
752. (क) ब्रिटेन
753. (ग) अल अहरम : इंडोनेशिया
754. (क) डेली न्यूज
755. (ग) ऑस्ट्रेलिया
756. (ख) पाकिस्तान
757. (क) चीन
758. (ग) भारत
759. (क) 25 जून, 2009 को लॉस एंजेल्स में
760. (ग) डेनमार्क
761. (ख) इराक
762. (ग) न्यूज ऑफ द वर्ल्ड
763. (क) न्यूज वीक
764. (घ) सन् 2012 में
765. (ग) 5 अक्तूबर, 2011 को
766. (घ) इक्वाडोर
767. (ग) स्काई फॉल

19
मानव अधिकार

768. (ग) स्वीडन
769. (ख) फ्रांस की राज्य क्रांति (1789)
770. (ग) सन् 1789 में
771. (क) अमेरिका
772. (ग) सन् 1809 में
773. (ख) 10 दिसंबर, 1948
774. (ख) 30
775. (क) 16 फरवरी, 1946
776. (ख) 4 नवंबर, 1952
777. (घ) सन् 1954 में
778. (क) फिनलैंड
779. (ख) एम्नेस्टी इंटरनेशनल
780. (घ) न्यूजीलैंड
781. (ग) सन् 1966 में
782. (घ) सन् 1966 में

783. (क) तेहरान (ईरान)
784. (घ) बेरुत (लेबनान)
785. (ग) 22 नवंबर, 1969
786. (ग) सन् 1978 में
787. (ख) 27 जून, 1981 में
788. (ख) सन् 1966 में
789. (ख) सन् 1967 में
790. (ख) नॉर्वे
791. (क) फ्रांस
792. (ख) सन् 1982 में
793. (ग) सन् 1989 में
794. (ग) ब्रिटेन
795. (ख) विकास के अधिकार
796. (घ) सन् 1989 में
797. (ख) सुशासन
798. (ख) विएना (ऑस्ट्रिया)
799. (ख) सन् 1993 में
800. (ख) भारत
801. (क) डरबन (द. अफ्रीका)
802. (ख) सन् 2000 में
803. (ग) पाकिस्तान
804. (ग) सन् 2000 में
805. (क) सन् 2005 में
806. (घ) ट्यूनिश (ट्यूनीशिया)
807. (घ) 10 दिसंबर
808. (घ) उपर्युक्त सभी
809. (क) ऑस्ट्रेलिया
810. (ग) 16 जून, 2006
811. (क) 47 सदस्य
812. (ख) तीन वर्ष
813. (घ) फिनलैंड
814. (क) स्वच्छ जल और स्वच्छता
815. (ख) श्रीलंका
816. (ख) इजराइल

20
पुरस्कार

817. (ग) छह
818. (ख) रॉयल स्वीडिश एकेडमी ऑफ साइंसेज
819. (घ) नॉर्वे
820. (ख) वर्ष 1968 में
821. (घ) उपर्युक्त सभी
822. (क) अंतरराष्ट्रीय रेडक्रॉस समिति
823. (ख) वर्ष 1991
824. (ख) वर्ष 2009
825. (घ) उपर्युक्त सभी
826. (क) यूरोपीय संघ
827. (ख) रसायन विज्ञान में
828. (घ) सिनेमा जगत् से
829. (ख) नॉर्मन बोरलॉग
830. (ख) 3 मई
831. (घ) द प्रोटेस्टर
832. (ख) यह वर्ष 1959 से प्रतिवर्ष (लंदन में) दिया जाता है
833. (ख) वी.एस. नायपॉल
834. (घ) सलमान रश्दी
835. (ख) द व्हाइट टाइगर
836. (ख) यह प्रति तीन वर्ष में एक बार दिया जाता है
837. (ख) इस्माइल कादरे (अल्बानिया)
838. (ग) फिलिप रोथ (अमेरिका)
839. (ग) हैरी पॉटर एंड द डेथली हैलोज
840. (ग) पत्रकारिता
841. (ग) सिद्धार्थ मुखर्जी
842. (ख) सुर व संगीत के क्षेत्र में
843. (ख) फिलीपींस
844. (घ) उपर्युक्त सभी
845. (घ) उपर्युक्त सभी
846. (ग) विक्टोरिया क्रॉस

847. (घ) क्रांगेसनल मेडल ऑफ ऑनर
848. (क) जापान
849. (घ) वियतनाम
850. (ख) मिलिटरी ऑर्डर ऑफ विलियम
851. (घ) सऊदी अरब
852. (घ) निकारगुआ

21
खेलकूद

853. (ग) स्पेन : बेसबॉल
854. (ख) बेसबॉल
855. (क) स्पेन
856. (ग) टेबल टेनिस
857. (ग) बैडमिंटन
858. (क) कनाडा
859. (ग) जापान
860. (घ) रूस
861. (ग) 23 जून, 1894
862. (क) लुसाने (स्विट्जरलैंड
863. (ख) पियरे यू.डी. कुबर्तिन
864. (ग) पाँच महाद्वीपों का
865. (ख) एथेंस (ग्रीस)
866. (घ) थाइलैंड
867. (ख) न्यूयॉर्क (1932)
868. (घ) लंदन (ब्रिटेन)
869. (घ) 2004 : बीजिंग (चीन)
870. (ख) अमेरिका
871. (ग) 6
872. (ख) लॉस एंजेल्स (अमेरिका)
873. (क) रियो डी जेनेरियो (ब्राजील)
874. (ख) उरुग्वे
875. (ग) ब्राजील
876. (ख) वर्ष 1994
877. (क) दक्षिण अफ्रीका
878. (ख) स्पेन
879. (ख) वर्ष 1951 में
880. (ग) थाइलैंड
881. (ख) जर्मन ओपन
882. (ग) लिएंडर पेस
883. (ख) स्पेन
884. (ग) कार रेसिंग
885. (क) ग्रेटर नोएडा
886. (ख) सेबेस्टियन वेट्टल
887. (क) जर्मनी
888. (ख) हैमिल्टन (न्यूजीलैंड)
889. (ख) 3 से 14 अक्तूबर, 2010
890. (क) ऑस्ट्रेलिया
891. (ख) वर्ष 1975 में
892. (क) श्रीलंका
893. (घ) कानपुर
894. (ख) बँगलादेश
895. (घ) सचिन तेंदुलकर (भारत)
896. (घ) ब्रायन लारा (वेस्टइंडीज)
897. (ख) वीरेंद्र सहवाग (भारत)
898. (ख) मुथैया मुरलीधरन
899. (ग) न्यूजीलैंड एवं ऑस्ट्रेलिया
900. (ग) भारत एवं ऑस्ट्रेलिया

22
विविध

901. (ख) ग्रीनलैंड
902. (ग) न्यू गिनी (इंडोनेशिया)
903. (ग) 17,000
904. (ग) जावा
905. (ख) आयरलैंड
906. (क) अग्नि द्वीप
907. (ख) उत्तरी अटलांटिक
908. (ख) आयरलैंड
909. (घ) ब्रिटेन एवं अर्जेंटीना

910. (ख) चीन एवं जापान
911. (ग) ईरान एवं टर्की
912. (ख) बहरीन एवं कतर
913. (क) भारत एवं श्रीलंका
914. (ग) कुक द्वीप समूह
915. (ख) 7 जुलाई, 2007 को
916. (घ) 8,851 कि.मी.
917. (क) अमेरिका
918. (ग) शिकागो (अमेरिका) : जे.एफ.केनेडी हवाई अड्डा
919. (क) मंगोलिया एवं चीन
920. (ख) ब्राजील एवं पराग्वे
921. (ग) निकारगुआ
922. (ग) वर्ष 1960 में
923. (ख) नेपाल
924. (ख) बँगलादेश
925. (ग) चेनाब नदी
926. (घ) पाकिस्तान
927. (ख) भूटान
928. (घ) उपर्युक्त सभी
929. (ख) नीदरलैंड्स
930. (ग) सन् 2002 में
931. (ख) 29 अप्रैल, 2011
932. (ग) ड्यूक ऑफ कैंब्रिज
933. (ख) 26 दिसंबर, 2004
934. (क) अमेरिका
935. (क) उत्तरी आयरलैंड
936. (ख) सीरिया, लेबनान, जॉर्डन एवं मिस्र
937. (क) वेनेजुएला
938. (ख) थाइलैंड, बँगलादेश और लाओस
939. (घ) चीन
940. (ग) चीन-रूस
941. (ग) पंजाब, जम्मू व कश्मीर, गुजरात, राजस्थान
942. (क) स्पेनिश फ्लू (सन् 1958 में)
943. (ख) मेक्सिको
944. (क) यूरोप में
945. (ख) मैस्तिजो
946. (घ) रॉबर्ट वालपोल
947. (क) क्लीमेंट एटली
948. (घ) उपर्युक्त सभी
949. (क) मोजांबिक
950. (क) रेंड
951. (ग) कतर
952. (ख) वॉन
953. (घ) अफगानिस्तान
954. (क) बँगलादेश
955. (घ) पेसो
956. (क) रूस
957. (ग) 15 मार्च
958. (क) 16 अक्तूबर
959. (घ) विश्व एड्स दिवस
960. (क) यह उन शहीद श्रमिकों की स्मृति में विश्व स्तर पर मनाया जाता है, जिन्होंने शिकागो (अमेरिका) में उचित सेवा शर्तों एवं शोषण के विरुद्ध वर्ष 1886 में एक लंबा संघर्ष किया था।
961. (ख) 7 अप्रैल को
962. (ख) 22 अप्रैल
963. (ग) बँगलादेश
964. (घ) 2 अक्तूबर
965. (क) रोटरडम
966. (क) चीन
967. (क) गोबी
968. (ग) बोत्सवाना
969. (ग) हडसन की खाड़ी
970. (ख) दक्षिण अमेरिका (ब्राजील), कांगो बेसिन, द.पू. एशिया

971. (क) जिब्राल्टर जल संधि
972. (ग) टॉरस जलडमरू मध्य
973. (ख) ग्रीनलैंड और कनाडा
974. (ख) भारत-श्रीलंका
975. (ग) मेक्सिको सिटी
976. (क) नाइजर
977. (ख) कतर
978. (क) अमेरिका
979. (क) वर्ष 1982 में
980. (ख) मिखाइल गोर्बाचोव
981. (ख) कैरिबियन सागर
982. (ख) प्रशांत महासागर
983. (क) प्रशांत महासागर
984. (ख) 'S' आकार की
985. (ग) ऑपरेशन सुकून
986. (ग) 17,075,200 वर्ग कि.मी.
987. (घ) इंग्लैंड
988. (ग) लाओस
989. (घ) फुटबॉल
990. (घ) उत्तरी अटलांटिक महासागर मार्ग
991. (ग) इटली
992. (घ) गल्फ स्ट्रीम
993. (ख) नीदरलैंड्स
994. (ख) जेकारू
995. (क) फर्नांडीज डी. लैसेप्स
996. (ख) मार्को पोलो
997. (क) एंजिल (वेनेजुएला)
998. (क) बरमुडा
999. (ख) चीन का
1000. (ख) एलिजाबेथ टावर

□□□